Josep Martí i Pérez
Fernando Lalana Lac

W0218988

Tramontana Nuevo

Intensivkurs Spanisch
Lösungsheft

Schmetterling Verlag

Bibliografische Informationen Der Deutschen Nationalbibliothek
Die Deutsche Nationalbibliothek verzeichnet diese Publikation in der Deutschen Nationalbibliografie; detaillierte Daten sind im Internet über http://dnb.d-nb.de abrufbar.

Schmetterling Verlag GmbH
Lindenspürstr. 38b
70176 Stuttgart
www.schmetterling-verlag.de
Der Schmetterling Verlag ist Mitglied von aLiVe.

ISBN 3-89657-911-8
1. Auflage 2012
Alle Rechte vorbehalten
Überarbeitung: Doris A. Schmidt
Satz und Reproduktionen: Schmetterling Verlag
Druck: Interpress, Ungarn

Índice

Lección uno

1.3 Ejercicios

2. Completa las frases:

1. ¿Sois chilenos? – No, no somos chilenos, somos argentinos.
2. ¿De dónde es ella? – Es española.
3. ¿Dónde están los libros? – Los libros están en la mesa.
4. ¿Quién es Markus? – Markus es un estudiante de español.
5. ¿Eres también alemán? – No, no soy alemán, soy español.
6. Juan está en Sevilla. Sevilla es una ciudad grande.
7. ¿Dónde está el bolígrafo? El bolígrafo está en la mesa.
8. Él es de Argentina. Yo soy también argentino.
9. Tú no eres alemán. Tú estás en Alemania.
10. Juan es español. Juan es de Granada.
11. Alfonso es de Sevilla y está en Alemania.
12. Heike y Silvia están en España y son alemanas.

3. Escribe el plural de las siguientes palabras:

el señor / los señores	chileno/chilenos	el libro / los libros
alemán/alemanes	la ciudad / las ciudades	francés/franceses
pequeño/pequeños	el bolígrafo / los bolígrafos	suiza/suizas
la señora / las señoras	grande/grandes	chilena/chilenas

4. Forma frases según el modelo:

1. Steffen es de Alemania. Steffen es alemán.
2. Ellos son de Rusia. Ellos son rusos.
3. Carla es de Italia. Carla es italiana.
4. Isabel y Chantal son de Francia. Ellas son francesas.
5. Marino es de Italia. Marino es italiano.
6. Sevilla está en España. Es una ciudad española.
7. Nápoles y Florencia están en Italia. Son ciudades italianas.
8. Coimbra está en Portugal. Es una ciudad portuguesa.

5. Ordena las palabras:

1. Yo no soy argentino.
2. Barcelona es una ciudad grande.
3. Pablito es de Guadalajara y está en Barcelona.
4. Bilbao es una ciudad grande y está en el norte de España.
5. Ernesto es también de Granada.
6. Jorge está en Valladolid.
7. ¿Vosotros sois también alemanes?

1.4 Expresiones útiles: frases de supervivencia

¿Qué frases corresponden a las siguientes respuestas?

1. ¡Repite tu número de teléfono, por favor! – Sí, claro, repito: mi número de teléfono es...
2. ¿Cómo se escribe tu apellido? – Mi apellido se escribe ce, a ese, a de, o.
3. ¿Qué significa «apellido»? – Significa «Nachname».
4. ¡Más alto, por favor! – Sí, perdona, es que hablo muy bajito.
5. ¿Cómo se dice «bitte» en español? – En español se dice «por favor».
6. ¡Más despacio, por favor! – Sí, claro, repito más despacio.

Lección dos

2.3 Ejercicios

1. Forma preguntas:

1. ¿Cuántas lenguas se hablan en España?
2. ¿Dónde está San Sebastián?
3. ¿Qué es Sevilla?
4. ¿Qué hay en Salamanca?
5. ¿Quién habla italiano?
6. ¿Dónde estudia Juan?
7. ¿De dónde es Andreas?
8. ¿Dónde está Carla?
9. ¿Quiénes son de Zaragoza?
10. ¿Qué estudia Klaus en Salamanca?
11. ¿Cuántas lenguas se hablan en Santiago de Compostela?
12. ¿Por qué están Robert y Ariane en Salamanca?

2. Responde a las preguntas:

1. En la Península Ibérica se hablan cinco lenguas: el castellano, el portugués, el catalán, el gallego y el vasco. – 2. No, Bilbao no es la capital del País Vasco. La capital del País Vasco es Vitoria-Gasteiz. – 3. Bilbao está en el norte de España, en el País Vasco. – 4. En Bilbao se hablan dos lenguas: castellano y vasco. – 5. Madrid está en el centro de España. – 6. En Barcelona hay un puerto importante. – 7. La capital de Cataluña es Barcelona. – 8. En Cataluña se hablan dos lenguas: el catalán y el castellano. – 9. En Salamanca hay una universidad muy antigua. – 10. Salamanca está en Castilla y León. – 11. La capital de Castilla y León es Valladolid. – 12. El gallego se habla en Galicia. – 13. Santiago de Compostela es la capital de Galicia. – 14. La lengua de todos los españoles es el castellano. – 15. El náhuatl se habla en México.

3. ¿Ser, estar o hay?

1. En la mesa hay un libro.
2. El libro está en la mesa.
3. Nosotros no estamos en Salamanca.
4. Marco y Paola son italianos.
5. En Barcelona hay una universidad y un puerto.
6. Carla y Marisa están en Bilbao.
7. Madrid está en el centro de España.
8. Thomas está en España. Él es de Hamburgo.
9. En Salamanca hay una universidad antigua.
10. Lloret de Mar está en Cataluña.
11. La Capital de Castilla y León es Valladolid.

4. Completa las frases:

1. España limita con Francia, Andorra y Portugal.
2. Luisa es española y no habla alemán.
3. Somos alemanes y estudiamos inglés.
4. ¿Hablan ustedes italiano?
5. Carla es italiana y estudia español en la universidad de Barcelona.
6. En Galicia se habla(n) gallego y castellano.
7. ¿Habla usted francés?
8. Andorra y España limitan con Francia.
9. Yo soy español y no hablo italiano.
10. ¿Estudiáis inglés?
11. Lukas y Anne no son españoles.
12. Matilde es española y está en Italia.
13. Barcelona no está en el sur de España.
14. En Salamanca se habla castellano.

5. Forma frases:

1. El bolígrafo y el libro están en la mesa.
2. Carla y Mario son de Nápoles y estudian castellano en la universidad de Madrid.
3. Maite es vasca y habla castellano y euskera.
4. En Barcelona hay un puerto muy importante y una universidad.

6. Jugamos a los dados:

1. un uno y un cinco igual a seis – 2. un dos y un dos igual a cuatro – 3. un seis y un cuatro igual a diez – 4. un tres y un uno igual a cuatro – 5. un uno y un seis igual a siete – 6. un dos y un tres igual a cinco – 7. un seis y un seis igual a doce – 8. un cuatro y un cinco igual a nueve

8. Pon los acentos donde sea necesario:
1. Argentina – 2. Málaga – 3. español – 4. inglesa – 5. bolígrafo – 6. Canadá – 7. francés – 8. alemanes – 9. ciudad – 10. José Ramón – 11. oficina – 12. televisiones – 13. Valladolid – 14. península – 15. Fernando

10. Traducción:
1. Alberto y Carlos son de San Sebastián. – 2. Los libros están en la mesa. – 3. ¿Dónde estudiáis español? – 4. San Sebastián no es la capital del País Vasco. La capital del País Vasco es Vitoria-Gasteiz. – 5. En Gerona se hablan dos lenguas: catalán y castellano. – 6. En la mesa hay cuatro bolígrafos. – 7. Yo no hablo italiano. – 8. El catalán no es la lengua de los vascos.

Lección tres

3.3 Ejercicios

1. Conjuga en todas sus formas del presente los seis verbos siguientes:
1. aprendo, aprendes, aprende, aprendemos, aprendéis, aprenden
2. desayuno, desayunas, desayuna, desayunamos, desayunáis, desayunan
3. escribo, escribes, escribe, escribimos, escribís, escriben
4. vendo, vendes, vende, vendemos, vendéis, venden
5. leo, lees, lee, leemos, leéis, leen
6. ceno, cenas, cena, cenamos, cenáis, cenan

2. Completa las frases:
1. Juan no habla, pero aprende catalán.
2. ¿Quiénes preparan la cena?
3. Luis, Ana, Montserrat y Alberto viven en un piso.
4. Ana es profesora y trabaja en un colegio.
5. Nosotros desayunamos en un bar.
6. ¿Quién prepara el desayuno?
7. Después de cenar, Luis toca la guitarra.
8. Jörg es alemán y está en Barcelona
9. ¿Dónde compráis el pan y la leche?
10. Montserrat trabaja en un supermercado, vende productos cosméticos y vive en la calle Mallorca.
11. En Cataluña se hablan catalán y castellano.
12. Por la noche cenamos, tomamos café y, a veces, vemos la televisión.
13. Después de desayunar, leen el periódico.
14. Yo no hablo catalán.

3. Responde a las preguntas sobre el texto:

1. Luis estudia Derecho. – 2. No, Luis no es de Barcelona, Luis es de Zaragoza. – 3. No, Luis no habla catalán, Luis habla castellano. – 4. Luis no habla catalán porque es de Zaragoza y en Zaragoza se habla castellano. – 5. Luis aprende catalán en una academia de lenguas. – 6. Ana es profesora. – 7. Ana trabaja en un colegio de E.G.B. – 8. Alberto y Montserrat estudian medicina. – 9. Alberto trabaja por la tarde en una oficina. – 10. Montserrat vende productos cosméticos en el supermercado del barrio. – 11. Luis compra la leche por la mañana. – 12. Ana no desayuna en el piso. Ana desayuna en un bar. – 13. Montserrat y Alberto preparan el desayuno. – 14. Ana cena en el piso. – 15. Muchas veces no ven la televisión porque los programas no son siempre interesantes. – 16. Ana vive en la calle Mallorca, en el piso de Luis. – 17. No, Ana vive con Luis, Montserrat y Alberto.

4. Completa las frases con los siguientes verbos:

1. ¿Quién prepara la cena?
2. Montserrat y María del Carmen venden productos cosméticos en un supermercado.
3. John habla inglés, francés y portugués.
4. Luis lee el periódico.
5. Ellas tienen que trabajar por la tarde en un restaurante italiano.
6. Los periódicos están en la mesa.
7. Chantal es francesa y estudia en la Universidad de Pamplona.
8. Después de cenar, toman café y Luis toca la guitarra.
9. Nosotros desayunamos temprano.
10. ¿Dónde vivís?
11. Ana compra el pan, la leche y el periódico.
12. Alberto vive en un piso de la calle Mallorca.
13. Alberto tiene dos hermanos y una hermana.
14. Después de cenar, vemos la televisión.

5. Corrige:

1. Ana trabaja en un colegio de escuela primaria.
2. Bilbao está en el norte de España.
3. En Zaragoza (sólo) se habla castellano.
4. La capital del País Vasco es Vitoria-Gasteiz.
5. Los gallegos hablan gallego y castellano.
6. Luis aprende catalán en una academia.
7. Luis cena siempre en el piso.
8. En Salamanca hay una universidad muy antigua.

6. ¿Ser o estar?

1. Luis es español. – 2. Luis y Alberto están en Portugal, pero no son portugueses. – 3. Alberto es estudiante de medicina y está en Barcelona. – 4. El colegio donde

trabaja Ana está en la calle Mallorca. – 5. El pan y la leche ya están en la mesa. – 6. El programa de televisión es muy interesante. – 7. Montserrat y Alberto son de Barcelona y están en Barcelona. – 8. Estamos en el piso de Luis. – 9. Ana, Cecilia y Montserrat no son alemanas. – 10. Vosotros no sois de Pamplona.

7. Pon un poco de orden:

1.	Andreas está en Barcelona.	c)	En Barcelona hay un puerto.
2.	La capital de Castilla y León no es Salamanca.	e)	Es Valladolid.
3.	Manuel es de Zaragoza.	f)	No habla catalán.
4.	Gijón está en el norte.	d)	No es una ciudad muy pequeña.
5.	María es de Sevilla y vive en Barcelona.	a)	Aprende catalán en una academia de lenguas.
6.	Ana no desayuna en el piso.	b)	Desayuna en un bar cerca del colegio.
7.	Bilbao está en el País Vasco.	g)	No es la capital de Euskadi.

8. El número de teléfono:

1. El número de teléfono de Carlos es el ocho, veinticuatro, diecisiete.
2. Inés: nueve, cuarenta y cuatro, diecinueve
3. Begoña: dos, dieciséis, cuarenta y cinco
4. Nicolás: ocho, doce, cero cinco
5. Ricardo: tres, veintidós, cuarenta y cuatro
6. Isabel: seis, veintiséis, treinta y seis
7. María: uno, once, treinta y nueve
8. Charo: cuatro, dieciocho, treinta y uno
9. Julio: siete, veintitrés, cuarenta y ocho
10. Andrés: cinco, veintiuno, treinta y uno
11. Isamar; dos, catorce, dieciséis
12. Jordi: ocho, dieciocho, veintisiete

3.4 Geografía y población de España

1. Preguntas sobre el texto:

1. España está en el sudoeste de Europa. – 2. Portugal y España forman la Península Ibérica. – 3. Los Pirineos están en el norte de España. – 4. En España hay alrededor de cinco y medio millones de habitantes. – 5. La mayoría de los extranjeros son rumanos. – 6. Las Islas Baleares están en el Mar Mediterráneo, al este de Cataluña y Valencia. – 7. La isla española más famosa entre los alemanes es Mallorca. – 8. Unos 60 millones de turistas visitan España en 2010. – 9. Sí, hay dos ciudades españolas en el norte de África: Ceuta y Melilla. – 10. Las principales ciudades de España son Madrid, Barcelona, Valencia, Sevilla y Bilbao.

2. Traducción:

1. Luis vive en Barcelona. Aprende catalán en una academia de lenguas.
2. Los programas de televisión no son siempre interesantes.
3. Montserrat es una estudiante de Barcelona. Ella trabaja por la tarde en un supermercado.
4. Los periódicos no están en la mesa.
5. En Barcelona se hablan dos lenguas.
6. Cataluña y el País Vasco son dos centros industriales importantes de España.
7. Manuel es de Ceuta. Ceuta está en África, pero es una ciudad española.
8. En Andalucía hay centros turísticos importantes.
9. Andalucía exporta aceite (de oliva) y vino.
10. Los Pirineos están entre España y Francia.
11. Sierra Nevada está cerca de Granada.

3.5 Expresiones útiles: indicar el camino

1. Traduce al alemán el siguiente diálogo:

Tourist: Hallo, entschuldigen Sie! Wissen Sie, wo sich der Bahnhof befindet, bitte?
Freundliche Person: Ja, natürlich, es ist nicht weit. Schauen Sie (mal), Sie müssen dieser Straße immer geradeaus folgen bis zur Kreuzung, dort biegen Sie nach rechts ab und nach circa hundert Metern kommen Sie an den Hauptbahnhof.
Tourist: Danke, sehr freundlich.
Person: Gern geschehen, auf Wiedersehen.
Tourist: Wiedersehen.

Lección cuatro

4.3 Ejercicios

1. Preguntas sobre el texto:

1. Una semana tiene siete días. – 2. Los días de la semana son el lunes, el martes, el miércoles, el jueves, el viernes, el sábado y el domingo. – 3. Alberto vive en Barcelona. – 4. Este fin de semana tienen libre el sábado, el domingo y el lunes. – 5. Desean ir a la montaña porque quieren caminar mucho y respirar aire puro. – 6. No es agradable vivir en esa ciudad porque hay mucha gente, muchos coches y mucha contaminación. – 7. Los pueblos de los Pirineos son pequeños y tranquilos. – 8. Quieren salir el sábado por la mañana. – 9. No van en el coche de Alberto, porque el coche de Alberto está averiado. – 10. El coche de Alberto está en el taller. – 11. Quieren ir en tren. – 12. El mapa está en la mesa.

2. Conjuga el presente de indicativo de los siguientes verbos:

1. bebo, bebes, bebe, bebemos, bebéis, beben
2. cierro, cierras, cierra, cerramos, cerráis, cierran
3. como, comes, come, comemos, coméis, comen
4. pago, pagas, paga, pagamos, pagáis, pagan
5. escribo, escribes, escribe, escribimos, escribís, escriben
6. leo, lees, lee, leemos, leéis, leen
7. empiezo, empiezas, empieza, empezamos, empezáis, empiezan

3. Completa las frases:

1. Esta tarde yo no voy a la escuela.
2. En la calle Mallorca hay dos talleres.
3. ¿Dónde está el coche?
4. Este libro es muy interesante.
5. Vamos a Valencia en coche.
6. El martes es también fiesta.
7. ¿Cómo vais a Sevilla?
8. ¿Quién es de Granada?
9. Los mapas están en la mesa.
10. En los Pirineos hay pueblos tranquilos.
11. ¿De quién es este libro?
12. El coche está en el taller. Está averiado.

4. Pon las frases en el plural:

1. Estos coches son muy caros. – 2. Aquellas señoras no son de Sevilla. – 3. Esas mesas no son muy grandes. – 4. ¿Quiénes son aquellos señores? – 5. Estas ciudades están muy contaminadas. – 6. Esos trayectos son muy agradables. – 7. Esas excursiones no son interesantes. – 8. Estas chicas son portuguesas. – 9. Aquellos señores son ingleses. – 10. Estas naranjas son muy pequeñas. – 11. Esos trenes no son directos. – 12. Aquellas chicas son amigas de Ana. – 13. Estas señoras son griegas. – 14. Aquellos pueblos son muy tranquilos.

5. Transforma las frases:

1. Quieren trabajar en un supermercado. – 2. Queremos ir a Chile en avión. – 3. ¿Queréis vivir en un pueblo? – 4. Ella quiere ir a la universidad. – 5. Quieren aprender catalán. – 6. ¿Quieres tomar un vaso de vino? – 7. Quiero ir a pie. – 8. Esta noche queremos cenar en un restaurante griego. – 9. Juan quiere aprovechar bien el tiempo. – 10. ¿Queréis tomar un poco más de café? – 11. Queremos aprovechar bien los tres días. – 12. Quieren desayunar en un bar de la calle Mallorca.

6. ¿Muy o mucho?

1. Roberto no trabaja mucho. – 2. Andrés habla muy bien inglés. – 3. En Ribes no hay mucha contaminación. – 4. Luis sale mucho de excursión. – 5. En la Costa Me-

diterránea hay muchos centros turísticos. – 6. Estos libros no son muy interesantes. – 7. España exporta mucho aceite y muchas naranjas. – 8. Montserrat y Alberto estudian mucho. – 9. En Barcelona hay muchos turistas y muchos autobuses. – 10. Luis toca muy bien la guitarra. – 11. En los pueblos de la montaña no hay mucha gente. – 12. España es un país muy montañoso.

7. Forma frases:

1. Allí no hay mucha gente.
2. El sábado nosotros queremos salir de excursión.
3. Ana va todos los días a ese colegio.
4. Ceuta y Melilla están en el norte de África.
5. Aquí no hay mucha contaminación y esto es muy importante.
6. Alberto y Luis quieren ir a Ribes en tren.

8. Traducción:

1. Él quiere respirar aire puro. – 2. ¿Vas en coche o en tren? – 3. El (este) coche no es grande. – 4. Este fin de semana salimos de excursión. – 5. ¿Qué queréis beber/tomar? – 6. El coche está en el taller. – 7. María es estudiante. – 8. Él habla italiano, pero no es italiano. – 9. En Bilbao se hablan dos lenguas. – 10. Ana y Petra son profesoras y trabajan en un colegio de educación primaria. – 11.Mañana no es libre. – 12. Él va hasta allí en tren y después va en bicicleta. – 13. ¿Cuándo va a Barcelona? – 14. Peter y Klaus quieren ir a Barcelona en auto-stop. – 15. Aquí el aire es muy puro y esto es muy importante.

9. Un poco de matemáticas:

1. Quince más diez son veinticinco.
2. Ciento cuatro más dos son ciento seis.
3. Doscientos veintiuno más doce son doscientos treinta y tres.
4. Trescientos nueve más diecisiete son trescientos veintiséis.
5. Mil trescientos veintiuno más mil dieciséis son dos mil trescientos treinta y siete.
6. Quinientos ocho más cien son seiscientos ocho.
7. Noventa y nueve más dos son ciento uno.
8. Ochocientos ochenta y ocho más ocho son ochocientos noventa y seis.
9. Ciento treinta y seis más ciento dos son doscientos treinta y ocho.
10. Ciento uno más novecientos sesenta y uno son mil sesenta y dos.
11. Doce y doce son veinticuatro.
12. Ochenta y siete más cincuenta y siete son ciento cuarenta y cuatro.

4.4 Nicaragua

1. Preguntas sobre el texto:

1. Nicaragua tiene unos seis millones de habitantes. – 2. Nicaragua limita con Honduras en el norte y con Costa Rica en el sur. – 3. La capital de Nicaragua es Managua. – 4. Nicaragua es un país pobre. Tiene una renta anual per cápita de solamente 2.617 dólares. – 5. Tiene muchos problemas políticos y militares, pero también es grave la alta tasa del analfabetismo juvenil en Nicaragua. – 6. Es una nación desde la declaración de independencia en 1821. – 7. José Daniel Ortega es el presidente de Nicaragua. – 8. El partido político del presidente es el Frente Sandinista de Liberación Nacional. – 9. Significa que los jóvenes no saben ni leer ni escribir. – 10. Para mejorar la situación de la población nicaragüense tienen que superar el analfabetismo.

2. En parejas: «¿Cuánto sabes de Geografía?»

1 Argentina
2 Bolivia
3 Venezuela
4 El Salvador
5 Costa Rica
6 Cuba
7 Chile
8 Ecuador
9 Haití
10 Panamá
11 Guatemala
12 República Dominicana
13 México
14 Honduras
15 Colombia
16 Nicaragua
17 Brasil
18 Paragua
19 Perú
20 Uruguay

4.5 La familia Loscertales Rovira

2. Pon las palabras en su lugar:

1. El señor Loscertales es el padre de Roberto y de María Pilar.
2. María Pilar es la hermana de Roberto.
3. María Pilar es la hija de la señora Rovira y del señor Loscertales.
4. Roberto no es francés. Es español.
5. Roberto y María Pilar son los hijos del señor Loscertales.
6. La señora Rovira no es la hermana de María Pilar.
7. Roberto es el hermano de María Pilar.
8. El señor Loscertales es el esposo de la señora Rovira.
9. Roberto y María Pilar son hermanos.

4.6 Familia y edad

1. Lee el texto y traduce las siguientes palabras y expresiones:

abuela/Großmutter
abuelo/Großvater
nieta/Enkelin
nieto/Enkel
primo/Vetter
tía/Tante

estar casado/a / verheiratet sein
cuñada/Schwägerin
nuera/Schwiegertochter
tío/Onkel
suegro/Schwiegervater

estar soltero/a / ledig sein
cuñado/Schwager
prima/Cousine
yerno/Schwiegersohn
suegra/Schwiegermutter

Lección cinco

5.3 Ejercicios

1. Forma frases:

1. Van al restaurante para cenar.
2. Voy a Gerona para visitar a Jorge.
3. Vamos a la montaña para respirar aire puro.
4. Van al quiosco para comprar un periódico.
5. Voy a Roma para visitar a un amigo.
6. Van a los pueblos para enseñar a leer y a escribir a los campesinos.
7. Va al supermercado para comprar pan y leche.
8. Van a la academia de lenguas para aprender catalán.
9. Compran los billetes para ir al teatro.
10. Vamos al bar para tomar un café.
11. Va al restaurante para comer a la carta.
12. Salen de excursión a la montaña para pasar unos días agradables.
13. Va a la academia para aprender alemán.
14. Vamos a Francia para visitar a unos amigos.

2. Preguntas sobre el texto:

1. Esta noche quieren ir a un concierto.
2. En el autobús va también Jorge.
3. En el Teatro Principal hay un concierto.
4. No. Es un concierto de música clásica.
5. Jorge no va al concierto porque no tiene tiempo.
6. Jorge quiere ir mañana a Italia.
7. No, Jorge va a Italia con Ana.
8. Los amigos italianos de Jorge viven en Milán.
9. Van a Italia en coche.
10. No. El coche es del padre de Ana.
11. No, no sabe hablar italiano.
12. Carmen y Alfonso bajan en la Plaza Tetuán.

3. ¿Muy o mucho?

1. Alberto no trabaja mucho. – 2. Alfonso tiene muchos amigos. – 3. Ana no habla muy bien italiano. – 4. Buenos Aires es una ciudad muy grande. – 5. Ángela habla muchos idiomas. – 6. Comprender español no es muy difícil. – 7. Los billetes no son muy caros. – 8. El concierto de Yepes es muy interesante. – 9. En Madrid hay mucha gente. – 10. En los Pirineos hay pueblos muy pequeños. – 11. Los frenos de este coche no funcionan muy bien. – 12. Montserrat toma mucho café. – 13. No tengo mucho tiempo. – 14. Viajar en tren no es muy caro. – 15. Roberto no tiene muchos amigos.

4. Formula preguntas:

1. ¿Dónde está San Sebastián?
2. ¿Con quién va Katrin al concierto?
3. ¿Dónde hay un libro?
4. ¿Quién pasea por el parque?
5. ¿Cómo van a Italia?
6. ¿Por qué no van al teatro?
7. ¿Qué país limita con Honduras y Costa Rica?
8. ¿Cuántos periódicos quiere comprar?
9. ¿De quién es el coche?
10. ¿En dónde quieren cenar?
11. ¿Cómo es el programa?
12. ¿Qué pueblos son pequeños y tranquilos?
13. ¿Para qué van Ana y Jorge a Milán?
14. ¿Por dónde da Luisa un paseo?
15. ¿Cuántos idiomas habla Pedro?

5. Completa las frases con la preposición o conjunción adecuada:

1. Vamos a la montaña para respirar aire puro.
2. En el autobús hablan con Jorge.
3. Vamos a comer en un restaurante porque hoy tenemos poco tiempo.
4. En Milán quieren visitar a unos amigos.
5. María tiene que ir pronto a casa porque tiene que preparar la cena.
6. Alberto y Luis quieren ir a la montaña. No van en coche, van en tren.
7. En los Pirineos hay pueblos pequeños y tranquilos.

6. Transforma las frases usando *tener que* + infinitivo:

1. Tengo que preparar el equipaje.
2. ¿Tienes que bajar en esta parada?
3. Alberto y Ana tienen que trabajar por la tarde.
4. Montserrat tiene que preparar el desayuno.
5. Tienen que aprender catalán.
6. Tengo que comprar el pan.
7. Tenemos que salir temprano.

8. Muchos nicaragüenses tienen que aprender a leer y a escribir.
9. ¿Adónde tenéis que ir?
10. Tenemos que visitar a unos amigos.
11. Muchos campesinos tienen que abandonar el campo.
12. ¿Tenéis que estudiar mucho?
13. Tengo que buscar las entradas.
14. Tengo que estudiar francés.

7. Pon un poco de orden:

1. Carmen toma el autobús para comprar las entradas para ir al concierto.
2. Ana y Jorge quieren ir a Italia para visitar a unos amigos.
3. Esta noche hay un concierto de guitarra en el Teatro Principal.
4. Jorge no puede ir al concierto porque no tiene tiempo.
5. El coche del padre de Ana es muy viejo, pero funciona muy bien.

8. Conjuga los verbos entre paréntesis:

1. Luis y Carlos salen de excursión el viernes por la tarde y vuelven el domingo por la mañana.
2. Esta tarde queremos dar un paseo por la ciudad.
3. Rafael no puede venir esta noche porque tiene que trabajar.
4. Enrique duerme mucho.
5. Las entradas para el concierto no cuestan mucho.
6. Yo entiendo italiano, pero no sé hablar ese idioma.
7. Nicaragua es un país centroamericano y tiene casi seis millones de habitantes.
8. Miguel Ángel quiere comprar un periódico. El periódico cuesta 0,95 €.
9. ¿Sabes dónde vive Jorge?
10. Quieren ir a Francia para visitar a unos amigos.

5.4 Los problemas de las grandes ciudades

1. Preguntas sobre el texto:

1. La capital de México tiene unos veinte millones de habitantes. En Buenos Aires viven unos doce millones de habitantes.
2. Tienen que emigrar porque en las zonas rurales cada vez hay menos trabajo.
3. Los campesinos piensan que van a encontrar trabajo y mejorar de vida.
4. Las grandes ciudades no pueden asimilar a los emigrantes porque no cuentan con la infraestructura necesaria para recibir a grandes cantidades de inmigrantes.
5. El crecimiento rápido de las ciudades tiene como consecuencias el desempleo para los que llegan y el barraquismo.

2. Sopa de letras:
barraquismo – tequila – campesino – Lima – Perú – Panamá – samba – Chile – México – Cuba – argentino – uru

Lección seis

6.3 Ejercicios

1. Preguntas sobre el texto:
1. Luis y Alberto se levantan a las cinco de la mañana. – 2. Se levantan tan temprano porque quieren ir a Ribes. – 3. Ribes está en los Pirineos. – 4. Para ir a la estación, cogen el autobús. – 5. Llegan a la estación a las seis de la mañana. – 6. El tren para Ribes sale a las seis y media del andén número cinco. – 7. El tren llega a Ribes a las ocho menos cinco. – 8. Alberto tiene que sacar los billetes porque Luis necesita ir a los servicios. – 9. Los billetes cuestan 12 euros. – 10. Luis espera a Alberto en un bar cerca de la estación. – 11. Luis toma un café y Alberto un café y un bocadillo de jamón. – 12. El señor va a Vic. – 13. El señor quiere visitar a su hermana. – 14. Los amigos de Luis viven en la Rambla de Vic.

2. Responde a las preguntas:
a) ¿Qué hora es?
1. Son las doce del mediodía.
2. Son las dos y cuarto de la madrugada.
3. Son las cuatro menos cuarto.
4. Son las dos y media.
5. Son las seis y diez.
6. Son las nueve menos cinco.
7. Son las once menos veinticinco de la noche.
8. Es la una y cinco.

b) ¿A qué hora sale el tren?
1. Sale a las doce menos veinte.
2. Sale a la una y veinticinco.
3. Sale a las siete y media.
4. Sale a las ocho.
5. Sale a las doce menos veinticinco de la noche.
6. Sale a las siete y cinco.
7. Sale a las seis menos cinco.
8. Sale a las seis y cuarto.

c) ¿Cuándo llega el autobús?
1. Llega a la una y media.
2. Llega a las siete menos cinco de la tarde.
3. Llega a las diez y media de la noche.
4. Llega a las seis menos cuarto.
5. Llega a las once menos diez.
6. Llega a las doce menos cinco.
7. Llega a la una y veinte de la madrugada.
8. Llega a la una y media.

3. Completa las frases conjugando los verbos entre paréntesis:

1. Julia quiere ir a la academia porque va a aprender español.
2. Ana es profesora y trabaja en un colegio.
3. María y Roberto van temprano a la estación porque todavía tienen que comprar los billetes.
4. Esta tarde no podemos salir.
5. El tren llega a las diez y cinco.
6. Alberto quiere comprar unos bocadillos.
7. Sale de casa a las ocho y a las ocho y media ya está en la estación.
8. Luis entra en el bar porque quiere tomar un café con leche.
9. Yo no hago los deberes porque no tengo tiempo.
10. Nuestro tren sale con retraso.
11. Quiero visitar a unos amigos.
12. ¿Dónde vive tu hermana?

4. Transforma las siguientes frases colocando el determinante posesivo correspondiente:

1. Es mi bicicleta.
2. Es su casa.
3. Son tus discos.
4. Son nuestras maletas.
5. Es vuestra guitarra.
6. Son tus bolsas.
7. Es mi entrada.
8. Es su moto.
9. Es su coche.
10. Es mi ordenador.

5. Completa las frases:

1. Jorge tiene que ir al médico.
2. ¿Qué tienes que hacer esta tarde?
3. Ya tengo ganas de comer paella.
4. Ellas tienen que hacer los ejercicios.
5. Tenemos que sacar los billetes.
6. Juan tiene ganas de ir al cine.
7. Hoy no tengo tiempo de salir de paseo.
8. María tiene que hacer la cena.
9. Rosendo tiene un coche nuevo.
10. Marta no tiene ganas de ir a comprar la leche.
11. Tengo ganas de respirar aire puro.
12. Tenemos que visitar a Rosendo.
13. Los padres de mi amigo tienen mucho dinero.
14. Luis no tiene tiempo porque tiene que trabajar.
15. Mi primo tiene dos hermanos.

6. Traducción:

1. Luis quiere pasar el fin de semana en un pueblo.
2. El pueblo está en los Pirineos.
3. Quiere ir allí con su amigo Enrique.
4. El coche de su amigo está en el taller.
5. No quiero sacar todavía el billete.
6. El tren llega a Barcelona a las ocho y cinco.
7. Luisa vive en Ribes. Sus hermanos estudian en la Universidad de Barcelona.
8. Roberto no tiene tiempo de (ir a) pasear. Hoy tiene que estudiar mucho.
9. En el compartimento hay dos señores mayores. Van a Vic. Su hermana vive allí.
10. Tienen un poco de tiempo. Van al bar y toman un bocadillo de jamón y un café. Tienen que pagar cinco euros.
11. El tren sale a las ocho y media.
12. Todavía tenemos que comprar los billetes.
13. ¿Qué hora es?

7. Pon las palabras en su lugar:

Alberto es estudiante y vive en Barcelona. Este fin de semana quiere ir a un pueblo de los Pirineos. No va en coche, no va en autobús, va en tren. El tren sale a las ocho menos cuarto. Alberto ya está en la estación a las siete y media porque todavía tiene que sacar el billete. A las ocho menos veinte, Alberto va al andén número cuatro y sube al tren. Entra en un compartimento. En el compartimento hay un señor. El señor quiere visitar a su hermana. Su hermana vive en Vic. Roberto y el señor hablan del tiempo y de la contaminación de Barcelona.

8. Redacción. Escribe un pequeño texto usando las siguientes palabras:

Luis y Alberto quieren pasar el fin de semana en un pueblo de los Pirineos. No van en autobús, van en tren. En la estación sacan un billete de ida. En la estación hay un bar. Luis y Alberto toman en el bar de la estación dos cafés y compran un bocadillo de jamón para el viaje. No tienen que cambiar de tren. En su compartimento hay un señor mayor. El señor va a Vic a visitar a su hermana.

9. Pon las tildes necesarias:

1. Roberto quiere ir a Bogotá en avión. – 2. El castellano no es muy difícil. – 3. Estos automóviles son franceses. – 4. El miércoles por la tarde vamos a París. – 5. En la Península Ibérica hay dos países: España y Portugal. – 6. Zaragoza no está en Andalucía, está en Aragón. – 7. La renta nacional per cápita de España es mayor que la de Guatemala. – 8. El número de habitantes de las ciudades aumenta rápidamente. – 9. Cogen el autobús de las siete y a las siete y cuarto ya están en la estación. – 10. ¿A qué hora llega el tren a Córdoba?

10. Sopa de letras:
taquilla – tren – andén – salida – transbordo – ida – billete – metro – vuelta – reserva – retraso – freno – llegar – trayecto

6.5 El pescador

Discurso indirecto. Ejercicio:
Llega un día un hombre de negocios a una bella playa de un país del Caribe y encuentra a un pescador casi dormido al lado de una pequeña red, a la sombra de una palma. El hombre de negocios sabe que hay muchos peces en esos mares y pregunta al pescador por qué el pescador no compra una red mayor para poder pescar más. El pescador le pregunta que para qué quiere él más peces. El hombre de negocios responde que para abrir una tienda y poder vender más pescado. El pescador vuelve a preguntar que para qué quiere vender más pescado. El hombre de negocios replica que para tener más dinero. El pescador quiere saber que para qué tiene que tener él más dinero. El hombre de negocios explica que con más dinero se tiene más tiempo y se puede ir a la playa y dormir bajo una palma. El pescador responde que eso es precisamente lo que él hace sin tener que comprar una gran red, ni cuidar una tienda, ni ganar más dinero.
El pescador dice que él pesca para vivir, pero no vive para pescar.

6.6 Expresiones útiles: medios de transporte

1. Completa las siguientes frases con la expresión correcta:
1. Perdone, ¿para cuándo sale el autobús a Madrid?
2. ¿Cuánto cuesta tomar un taxi en Sevilla?
3. ¿Puede decirme dónde puedo sacar un billete para ir a Cáceres?
4. ¡Atención, atención! El autobús con destino a Granada sale a las 16:00.
5. Perdón, ¿puede decirme si hay aún plazas libres para el avión que sale esta tarde a las Islas Canarias?

Lección siete

7.3 Ejercicios

1. Responde a las preguntas:
1. Ya hace cinco años que el señor Trujillo está en Madrid. Hace poco que ha podido traer a su familia para vivir en España. – 2. Los Trujillo son de un pequeño pueblo del norte de Perú. – 3. Tienen cuatro hijos. – 4. La Sra. Trujillo no trabaja fuera. Está

de ama de casa. – 5. Hoy ha preparado un pollo a la brasa. 6. El Sr. Trujillo trabaja en la cocina de un restaurante del centro. – 7. Tiene que hacer horas extra porque gana muy poco y tiene que mantener a su familia. – 8. Los hijos mayores han ido de excursión a la sierra. – 9. Han estado cuatro días allí. – 10. La familia Trujillo es una familia alegre porque siempre están de buen humor y hacen bromas. – 11. Ana y María están ahora en un bar en Madrid. – 12. Son las siete de la tarde y toman unas tapas.

2. Transforma estas frases en pretérito perfecto:

1. Manuel ha vuelto tarde. – 2. Carlos y Sofía han cogido el tren. – 3. María ha ido de excursión. – 4. Gabriela ha tomado un aperitivo en un bar de las Ramblas. – 5. Los Pérez han vivido en un pueblo de la provincia de Jaén. – 6. María no ha escrito a su hermana. – 7. Jorge y Carmen no han salido de viaje. – 8. Hemos hecho un viaje a Italia. – 9. ¿Han ido al cine? – 10. ¿Quién ha ido a comprar el pan? – 11. Han puesto la comida en la mesa. – 12. Sofía no ha vuelto. – 13. Sofía no ha querido volver. – 14. Hemos visto la televisión. – 15. Ella no ha cenado con nosotros. – 16. María ha hecho la comida. – 17. Hemos ido al bar y hemos bebido una cerveza. – 18. Hemos visto a su hermano. – 19. Manolo no ha abierto la puerta. – 20. El rápido crecimiento de las ciudades ha causado ciertos problemas de infraestructura. – 21. Hemos pagado la cuenta. – 22. Ha preparado la comida. – 23. No ha querido comprar las entradas.

3. La vida de la familia Trujillo – Completa las frases:

La familia Trujillo vive en un piso viejo de la Calle de Castilla. El padre trabaja en la cocina de un restaurante. Gana poco, por eso tiene que hacer horas extraordinarias. Normalmente el señor Trujillo toma el metro para ir al trabajo; pero cuando tiene tiempo, va a pie. El restaurante no está lejos de su casa. Los niños van a la escuela. En los fines de semana salen todos juntos de excursión. Van a la montaña o a la playa. La madre no trabaja fuera de casa porque dos de sus hijos todavía no van a la escuela.

4. ¿Hay, hay que, tener, tener que?

1. María tiene que trabajar demasiado.
2. Hay que coger el tren a las ocho y cuarto.
3. Carlos y Ana tienen ganas de ir al cine.
4. En aquella casa tienen siempre buen humor.
5. A veces hay que hacer horas extraordinarias.
6. El señor Fernández tiene tres hijos.
7. En Barcelona hay demasiados coches.
8. El padre de Ana tiene un coche viejo.
9. Tengo que leer este libro.
10. Para ir al concierto, hay que comprar la entrada.
11. Con este tren no tenemos que hacer transbordo.
12. El profesor dice que nosotros tenemos que estudiar más.
13. Su padre tiene que hacer horas extraordinarias.

5. Ordena las palabras y forma frases con sentido:

1. Los Trujillo han vivido en un pequeño pueblo de la provincia de Toledo.
2. María ha hablado con la señora Trujillo del trabajo de su marido y de sus hijos.
3. El hermano de Ana tiene que hacer muchas horas extraordinarias porque tiene tres hijos y su esposa no puede ir a trabajar.
4. Ana y María estudian medicina y viven desde hace unos meses en Madrid.
5. Dos hijos de la familia Trujillo han pasado unos días en un pueblo de la montaña.
6. El pescador tiene una tienda y vende mucho pescado.
7. Dos hijos de la familia Trujillo no van todavía a la escuela porque aún son muy pequeños.

6. Completa las frases:

1. ¿Dónde está su casa, señor López? – 2. Mi casa está cerca de la playa. – 3. Mis padres están en Barcelona. – 4. ¿Aprenden tus amigos español? – 5. Mis amigos no aprenden español. – 6. Maite está en su casa. – 7. Heike cambia sus euros en el banco. – 8. ¿Ana, son éstas tus amigas? – 9. Sí, éstas son mis amigas. – 10. Ésas son sus hermanas. – 11. José Antonio no está en nuestra casa. – 12. ¿Son estos sus libros, señor Martínez?

7. Responde a las preguntas:

1. Sí, es el mío. – 2. Sí, es la mía. – 3. Sí, es la nuestra. – 4. Sí, es la suya. – 5. Sí, son los vuestros. – 6. Sí, son los míos. – 7. Sí, son los suyos. – 8. Sí, es el vuestro. – 9. Sí, es el tuyo. – 10. Sí, es la suya. – 11. Sí, es el nuestro. – 12. Sí, es el mío.

8. Pon las tildes necesarias y di por qué son o no necesarias:

1. María y Montserrat están en el bar. – 2. El señor Trujillo trabaja en un restaurante marroquí. – 3. ¿Qué quieren tomar? – 4. Luis sale del bar de la estación y va al andén número tres. – 5. ¿Dónde vive tu hermana? – 6. ¿Qué lengua se habla en este país? – 7. Las Canarias no están en el Mediterráneo, están en el Océano Atlántico. – 8. El analfabetismo es uno de los problemas más graves de Nicaragua. – 9. Después de cenar, toman café y a veces tocan la guitarra. – 10. Esta noche van a dar un concierto de música clásica.

9. Traduce las frases siguientes:

1. Tengo que ir al médico.
2. Su padre tiene un coche viejo.
3. Ana no vive en casa de sus padres.
4. ¿Estudia también tu hermano español?
5. Yo vivo en casa de mis padres.
6. ¿Quién ha pagado la cuenta?
7. ¿Dónde está tu hermana?
8. Él ha comido hoy en nuestra casa.

9. ¿Has escrito ya las cartas?
10. Todavía no he leído el periódico.
11. Roberto vive en casa de sus padres.
12. Ramón viene esta tarde a nuestra casa.
13. En esta empresa se gana mucho.
14. En la clase de español se escriben muchos deberes.
15. Durante todo el día no se tiene tiempo.
16. ¡Desde la semana pasada uno no tiene tranquilidad en esta casa!

7.5 Expresiones útiles: vida profesional

I. Traduce el siguiente texto al alemán con ayuda del diccionario:
Sergio ist ein junger Mann, der für gewöhnlich in einer Möbelfabrik in Schichten arbeitet. Seine Arbeit ist sehr hart und zudem ist er vollzeitbeschäftigt. Aber jetzt mit der Wirtschaftskrise ist der arme Sergio arbeitslos geworden, er ist unbeschäftigt und erhält keinen Lohn, nur eine kleine Hilfe vom Staat.
Für Sergio sind die Dinge nicht einfach und obwohl er wie verrückt nach Arbeit sucht, findet er keine. Aus diesem Grund hat er entschieden, erneut zu studieren und sich auf das Auswahlverfahren für die Anstellung als Beamter vorzubereiten, da Sergio denkt, dass dies wirklich eine sichere Arbeit ist.

Lección ocho

8.3 Ejercicios

I. Preguntas sobre el texto:
1. Juan quiere visitar a su amigo Luis. – 2. Los dos amigos hablan de los estudios, de sus familias y de Carmen. – 3. Carmen es una chica de Valencia. – 4. Carmen no ha terminado los estudios. Sólo ha estado un año en la universidad. Piensa que en la universidad no se aprende nada y que en la universidad sólo se venden títulos. – 5. Carmen ha estado en Francia y en el sur de Italia. – 6. Carmen quiere ir ahora a Sudamérica. – 7. Carmen trabaja ahora en Barcelona porque necesita dinero para el viaje a Sudamérica. – 8. No, Carmen no quiere ir a Sudamérica como turista. Quiere quedarse a vivir en un país sudamericano. – 9. Carmen no quiere vivir en Europa porque piensa que los habitantes de Europa son consumidores y materialistas. – 10. Juan piensa que lo que quiere hacer Carmen es una locura. Luis no está de acuerdo con él. Luis cree que es simplemente algo bastante difícil. – 11. No, Carmen no conoce a nadie en América. – 12. Juan tiene que irse porque ya son las cuatro y cuarto y a las cinco tiene clase.

2. Responde negativamente:

1. No, no quiero tomar nada. – 2. No, no he estado nunca en el Museo del Prado. – 3. No, no veo a nadie. – 4. No he hablado con nadie. – 5. No he dicho nada. – 6. No han comprado ningún libro. – 7. No, no tiene ni tiempo ni paciencia para salir con él. – 8. No, no tiene ni siquiera un diccionario. – 9. No, no vamos nunca al teatro. – 10. No, no entiendo nada. – 11. No, no queremos ir ni a Burgos ni a Soria. – 12. No, no puedo hablar con nadie en italiano. – 13. No, no buscamos a nadie. – 14. No, no necesito nada. – 15. En París no he estado nunca. – 16. No, no hemos oído nada.

3. Coloca el pronombre indefinido (afirmativo o negativo) correspondiente:

1. Nadie/Alguien ha visto a Juan hoy por la universidad.
2. Yo no se lo he dicho a nadie.
3. En esta vida todo es relativo.
4. ¿Tienes algo de dinero para prestarme, por favor?
5. Nadie tiene derecho a explotar a nadie.
6. ¿Alguien sabe dónde está Luis?

4. Corrige las frases:

1. A las cinco Luis tiene que ir a clase. – 2. Carmen es una chica de Valencia que sólo ha estado un año en la universidad. – 3. Carmen quiere ir a Sudamérica para quedarse allí y trabajar. – 4. Carmen ni ha estado en Sudamérica ni conoce a ningún sudamericano. – 5. Juan ha comprado unos pasteles en una pastelería. – 6. Juan esta tarde tiene tiempo. – 7. Juan vive en una residencia de estudiantes. – 8. Los dos amigos hablan de los estudios, de su familia y de una chica que conocen los dos.

5. Pon las frases en pretérito perfecto:

1. Juan y Luis han ido al bar, han tomado un café, han hablado un poco y han vuelto a casa antes de las diez. – 2. Los hijos de los Trujillo han hecho una excursión. Han ido a la montaña y han pasado allí tres días. – 3. Hemos ido al Odeón. La orquesta ha interpretado obras de Vivaldi. Ha sido un concierto interesante. – 4. Este fin de semana Alberto ha salido de viaje. – 5. Amaya no ha abierto la puerta. – 6. El padre de Luis ha vuelto muy tarde porque ha hecho horas extraordinarias. – 7. Montserrat ha visitado a la familia González. – 8. María Antonia no ha querido venir con nosotros. – 9. El camarero ha puesto el café en la mesa. – 10. ¿Quién ha pagado la cuenta? – 11. ¿Habéis ido al teatro? – 12. Luis no ha querido pagar los cafés. – 13. Carmen ha dicho que en la universidad no se aprende nada. – 14. Han salido a las ocho y no han vuelto antes de las tres de la mañana.

6. Transforma las frases:

1. Tiene un abrigo. ⇨ Es su abrigo. – El abrigo es suyo.
2. Tenemos un libro. ⇨ Es nuestro libro. – El libro es nuestro.
3. Tengo dos revistas. ⇨ Son mis revistas. – Las revistas son mías.

4. Tenéis dos sillas. ⇨ Son vuestras sillas. – Las sillas son vuestras.
5. Ella tiene un Seat. ⇨ Es su Seat. – El Seat es suyo.
6. Sus hermanas tienen un ordenador. ⇨ Es su ordenador. – El ordenador es suyo.
7. Él tiene dos coches. ⇨ Son sus coches. – Los coches son suyos.
8. Tenemos dos radios. ⇨ Son nuestras radios. – Las radios son nuestras.
9. Paco tiene un reproductor de DVD. ⇨ Es su reproductor de DVD. – El reproductor es suyo.
10. Tengo un diccionario. ⇨ Es mi diccionario. – El diccionario es mío.

7. Decídete por un verbo y escribe la forma adecuada:

1. Maite sabe vasco. – 2. ¿Adónde queréis ir vosotros? – 3. Para ir a Madrid hay que tomar el tren en la estación del Norte. – 4. ¿A qué hora queréis salir? – 5. Marité ofrece a Carmencita y a María Antonia un café y pasteles. – 6. Ellos dicen que en el restaurante todavía hay mesas libres. – 7. Vamos a permanecer tres días en la montaña. – 8. Yo no sé la dirección de don Manuel. – 9. Ellos tienen un mapa de la ciudad. – 10. Enrique no conoce a los padres de Luis. – 11. Roberto dice que no sabe dónde está su hermano. – 12. Ellos quieren ir al teatro y aún tienen que comprar las entradas. – 13. ¿Dónde hay un restaurante barato? – 14. Vamos a salir a las seis de la tarde.

8. Forma frases con el futuro próximo:

1. Rosario va a ir el martes a Málaga en avión.
2. Nosotros vamos a ir el domingo a Zaragoza en autobús.
3. Mis hermanas van a ir el sábado a la montaña en tren.
4. Kathrin y Susanne van a ir el mes próximo a Londres en avión.
5. Yo voy a ir la semana próxima a Guadalajara en coche.
6. Nuestros amigos van a ir el jueves a Sevilla en tren.
7. Carlos va a ir el miércoles a Barcelona en autostop.
8. Su padre va a ir esta tarde a la ciudad en bicicleta.
9. Sara va a ir el viernes a la escuela en taxi.

9. Ordena las palabras:

1. Juan es un amigo de Luis y vive en una residencia de estudiantes cerca del apartamento de Luis.
2. Carmen quiere trabajar unos meses en un supermercado de Barcelona porque aún no tiene suficiente dinero para pagar su viaje a Sudamérica.
3. Carmen quiere ir a Sudamérica y quedarse allí durante mucho tiempo porque tiene mucho interés en conocer los países de esta parte del mundo.

10. Transforma las frases empleando pronombres relativos:

1. Juan conoce a una valenciana que aún no ha terminado los estudios.
2. Luis vive en un piso que está cerca de la universidad.

3. Luis ha comprado los pasteles en una pastelería en la que trabaja una amiga de su hermana.
4. Ha dicho que ha estado en Madrid lo que no es cierto.
5. María habla de un chico que Luisa no conoce.
6. Conozco a algunos profesores nicaragüenses que trabajan en campañas de alfabetización.
7. El padre de Salomé tiene dos coches que son muy viejos.
8. Ha ido a un restaurante en el que se come muy bien.
9. Tengo unos amigos que estudian francés en una academia.
10. Toman un tren que sale del andén número dos.
11. Pablo trabaja con un ordenador que es muy rápido.
12. Montserrat trabaja en un supermercado en el que venden productos cosméticos.
13. He hablado con una señora que es amiga de tu madre.
14. Hemos estado en una zona en la que hay muchas montañas.

8.5 Expresiones útiles: enseñanza y estudios

I. Traduce al español:

1. Paula ha aprobado su examen de francés.
2. Desde hace tres años, soy estudiante de un conservatorio.
3. Este año Juan asiste a tres clases en la facultad de Física.
4. Lupe e Isa estudian Medicina. El verano pasado han suspendido en un examen.
5. Hasta ahora he estudiado Filosofía e Historia, pero este semestre me he matriculado en el instituto de Filología Inglesa.

Lección nueve

9.3 Ejercicios

I. Preguntas sobre el texto:

1. Carlos está en su habitación. Lee una novela. – 2. Alberto es un compañero de Carlos que vive en un pueblo de Madrid. Quiere pasar unos días en casa de Carlos. – 3. La novela se llama «La ausencia de Blanca». La ha escrito Antonio Muñoz Molina. – 4. El autor es muy famoso. – 5. Alberto todavía no ha leído nada de él. – 6. Carmen tiene mañana cumpleaños. – 7. Alberto está invitado y puede llevar a Carlos también. – 8. Alberto y Carlos quieren regalarle un libro. – 9. Quieren comprar el regalo en la librería en la que trabaja Mercedes. Van allí porque ella siempre le hace descuento a Carlos. – 10. Mercedes es una amiga de Carlos y es muy guapa.

2. Sustituye las palabras subrayadas por un pronombre:

1. La he comprado.
2. Los presto a Juan.
3. ¿Aún no lo habéis comprado?
4. Lo he aparcado en la calle.
5. Quieren hacerlos.
6. No la han enviado a sus padres.
7. No tienen ganas de verla.
8. Las han regalado a su hermana.
9. Lo presta a Pedro.
10. La quieren comprar.
11. Raúl las quiere pagar.
12. Juan los ha comprado en el bar.

3. Responde afirmativa y negativamente con los pronombres convenientes:

1. Sí, le he prestado el libro. No, no le he prestado el libro.
2. Sí, le he dado el DVD. No, no le he dado el DVD.
3. Sí, queremos prepararla. No, no la queremos preparar.
4. Sí, lo queremos invitar a la fiesta. No, no queremos invitarlo a la fiesta.
5. Sí, lo conoce. No, no lo conoce.
6. Sí, los tengo. No, no los tengo.
7. Sí, puedo entregarles los billetes. No les puedo entregar los billetes.
8. Sí, puedo comprarlo. No, no lo puedo comprar.
9. Sí, les explica los ejercicios. No, no les explica los ejercicios.
10. Sí, la hemos visto. No, no la hemos visto.

4. ¿Ir, querer, tener, hacer o escribir?

1. Hoy voy a comer temprano. – 2. Ellos tienen ganas de ir al cine. – 3. Los niños van pronto a la cama. – 4. ¿Qué programa quieres ver? – 5. ¿Qué has hecho esta mañana? – 6. He escrito una postal a mi amiga. – 7. Voy a escribir la carta esta tarde. – 8. ¿Qué quieres comprar? – 9. ¿Quién tiene que tomar el autobús? – 10. Hoy no tengo ganas de trabajar. – 11. Tienen que estudiar mucho.

5. Pon las frases en el pasado reciente:

1. Acabamos de llegar de casa de unos amigos. – 2. Mis padres acaban de hacer un viaje a París. – 3. Les acabo de decir que no tenemos tiempo. – 4. Le acabo de dar mi dirección. – 5. Te acaban de llamar por teléfono. – 6. Su hermana acaba de terminar los estudios. – 7. Me acaban (me han acabado) de preguntar por ti. – 8. Acabamos de pasar unos días en la montaña. – 9. Luis y Alberto acaban de salir del bar. – 10. Acabamos de comprar las entradas. – 11. Acaba de decir que no nos puede acompañar. – 12. Ramiro acaba de pagar los cafés.

6. Completa con las preposiciones en, a, por, de, con:

1. Hoy he visto a Carmen. – 2. Estoy en casa. – 3. El tren sale de Sevilla a las ocho y cuarto. – 4. Es un señor de Sevilla. – 5. Voy de excursión con Felipe. – 6. Consuelo va a la playa. – 7. Ella pasea por la ciudad. – 8. Venimos de Barcelona. – 9. Son las ocho de la mañana. – 10. ¿Tomas el café con azúcar?

7. Traducción:

1. Luis acaba de decirme que no puede venir.
2. ¿Puedes comprarme el periódico?
3. Él quiere permanecer en Madrid hasta el viernes.
4. No van nunca al cine.
5. ¿Puedes decirme adónde han ido?
6. Ha dicho muchas veces que quiere aprender español.
7. No hemos entendido ni una palabra.
8. ¿Cuánto tiempo ha estado en París?
9. Hoy no tengo tiempo.
10. ¿Quién te ha escrito la postal?
11. Las novelas de Muñoz Molina le gustan muchísimo.
12. Lo acabo de ver.
13. No tengo ganas de leer la novela.
14. La acabamos de ver.

8. Redacción. Escribe un pequeño texto con las siguientes palabras:

Carmen tiene cumpleaños y lo quiere celebrar en su casa. Ha invitado a Carlos y a Alberto. Los dos amigos están en la habitación de Carlos y piensan y discuten sobre lo que le van a regalar. Le quieren dar una sorpresa. Le van a regalar una novela del escritor andaluz Muñoz Molina porque a Carmen le gusta mucho leer las obras de este autor. El libro no cuesta mucho y además lo compran en una librería en la que les hacen descuento, porque en ella trabaja una conocida de Carlos.

Lección diez

10.3 Ejercicios

1. Preguntas sobre el texto:

1. Carmen y Luis preparan sus maletas para el viaje. Quieren ir a Bilbao. – 2. Bilbao está en el norte de España, en el País Vasco. Luis y Carmen quieren pasar una semana allí. – 3. Quieren ir en tren. – 4. Luis se quiere levantar a las seis porque el tren tiene la salida a las siete y cuarto. – 5. Carmen piensa que no tienen que levantarse tan temprano porque ya tienen el equipaje preparado. – 6. Sara es la hermana de Luis. Estudia Filología Hispánica en la Universidad de Granada. No vive sola, vive juntos con Luis y Carmen en un piso. – 7. Sara no va con Carmen y Luis a Bilbao porque tiene que prepararse para sus exámenes finales. – 8. Se llevan la cámara de Luis. – 9. Llevan muchas/demasiadas cosas para su viaje porque Luis no para de meter cosas en las maletas.

2. Conjuga los verbos en la forma correcta:

1. Hoy hemos visitado a Julia. Se ha alegrado mucho.
2. ¿Deseas lavarte las manos?
3. ¿Cómo se llama usted?
4. A la cinco menos cuarto me voy.
5. Antonio tiene tiempo y va a quedarse unos días con nosotros.
6. ¿A qué hora te levantas?
7. Ella no se levanta antes de las diez.
8. Cuando van a Bilbao se detienen algunas horas en Zaragoza.
9. Los trenes españoles se retrasan con bastante frecuencia.
10. No quiero quedarme toda la tarde en casa.
11. Carmen no se lleva la cámara.
12. Luisa no quiere quitarse el abrigo.
13. No podemos irnos muy tarde.
14. Descansan un poco.
15. Luis no tiene que levantarse pronto porque hoy no trabaja.
16. Pablo se levanta, se afeita, se ducha y desayuna.

3. Reemplaza las palabras subrayadas por un pronombre:

1. Nos lo quitamos.
2. Ramoncito no se la quiere beber.
3. Don Rosendo no se lo quita nunca.
4. Se los hemos pagado.
5. ¿Los has sacado?
6. Manolo se los quiere llevar a su casa.
7. Se las ha bebido todas.
8. Todavía no la he visto.
9. Antonio y Luisa no se las pueden llevar.
10. ¿Lo has entendido?
11. Rosalinda nos los ha preparado.

4. Transforma las frases al presente:

1. Nos compramos dos bocadillos.
2. Manuel lee una novela de Bernardo Atxaga.
3. No quieren decirnos nada.
4. ¿Compráis las entradas?
5. Salgo a las tres menos cuarto.
6. Cenamos en un restaurante italiano.
7. Van a comprar el periódico.
8. Tenemos que cambiar de tren dos veces.
9. Pedro tiene que levantarse temprano.
10. ¿Preparáis el equipaje?
11. Tengo mucho trabajo.

12. Me dice que no es verdad.
13. Obtienen sus fines.
14. ¿Le escribes la postal?
15. ¿Te deja su cámara?
16. No queremos decirle lo que ha pasado.
17. Tienen que llevar el coche al taller.

5. Completa y traduce las frases:

1. Sara quiere estudiar todo el día.
2. Luis y Carmen quieren pasar todas sus (las) vacaciones en el País Vasco.
3. Sara se queda en casa todo el mes de agosto.
4. Estamos toda la mañana en la escuela.
5. Pilar ha invitado a todos sus (los) amigos.
6. Ha estado todo el invierno en Madrid.
7. Van a su pueblo todos los sábados.
8. No todos los españoles comprenden catalán.
9. Todavía no he leído todo el libro.
10. Milagros conoce todas las calles de la ciudad.
11. Nacho se pasa todo el día en la calle.

6. ¿Ser, estar o tener?

1. ¿Quiénes son estos niños? – Son los amigos de mi hermano. – 2. ¿Puede decirme dónde está la estación? – 3. Me han dicho que [ellos] hoy no tienen tiempo. – 4. Nicaragua tiene unos seis millones de habitantes. – 5. ¿De dónde es Robert? – Debe ser holandés, pero está en España desde hace muchos años. – 6. Juanita está en casa de Pablo. – 7. Ramiro tiene dos coches. – 8. El ordenador de Carlos es muy rápido. – 9. No trabajo porque estoy de vacaciones. – 10. Creo que este libro no es muy caro. – 11. ¿Tienes una novela de Vargas Llosa? – 12. El equipaje todavía no está preparado. – 13. Ana no ha venido porque está enferma. – 14. Los niños están en el jardín.

7. Paulino es una persona muy despistada:

1. Paulino ha perdido el paraguas. Lo ha buscado ya durante mucho tiempo y al final va a preguntar a la oficina de objetos perdidos.
2. Pregunta al empleado si han entregado un paraguas. El empleado le responde que sí. El empleado le entrega el paraguas y Paulino se alegra mucho y le da las gracias.
3. Paulino quiere irse de la oficina de objetos perdidos, pero el empleado lo llama porque Paulino se ha olvidado de la cartera.
4. Paulino vuelve. Pone el paraguas en el suelo. Recoge la cartera y se deja el paraguas.
5. Paulino sale de la oficina de objetos perdidos. El empleado lo llama y grita, pero Paulino ya está camino de casa.

10.4 Euskadi

1. Léxico. Escribe los sustantivos que corresponden a los siguientes verbos:

acusar/acusación	adelantarse/adelantamiento	celebrar/celebración
comprar/compra	conocer/conocimiento	conquistar/conquista
crear/creación	desear/deseo	destruir/destrucción
entrar/entrada	escribir/escritura	existir/existencia
independizar/independencia	invitar/invitación	leer/lectura
liberar/liberación	pensar/pensamiento	preparar/preparación
regalar/regalo	reprimir/represión	retrasarse/retraso
venir/venida	vivir/vida	volver/vuelta

2. Preguntas sobre el texto:

1. Euskadi se encuentra en el norte de España, entre el mar Cantábrico y el río Ebro. – 2. Bilbao no es la capital del País Vasco. La capital del País Vasco es Vitoria. Bilbao tiene trescientos cincuenta y tres mil habitantes. – 3. Las cuatro ciudades más grandes del País Vasco son: San Sebastián, Vitoria-Gasteiz, Bilbao y Baracaldo. – 4. En el País Vasco hay muchas personas originarias de otras regiones españolas porque en Euskadi hay mucha minería e industria y muchos habitantes del sur y del centro de España han encontrado trabajo en esta región. – 5. Guernica es la capital espiritual del País Vasco. Es famosa porque fue destruída por la aviación alemana durante la Guerra Civil española. Hay un cuadro de Pablo Picasso que tiene como motivo la destrucción de Guernica. – 6. En Euskadi se hablan dos lenguas: vasco y castellano. – 7. Quieren separarse porque piensan que España y Francia han invadido al País Vasco y que por ello Euskadi no es un país libre. – 8. Las provincias que, según algunos vascos, deben formar la Gran Euskadi Libre son las tres provincias de la Euskadi española, las tres de la Euskadi francesa y Navarra. – 9. ETA es una organización revolucionaria que emplea métodos violentos. Lo que quiere obtener ETA es la independencia total de Euskadi con respecto a España y a Francia. – 10. ETA tiene hoy menos simpatizantes que en otros tiempos porque hoy muchos vascos ya no aceptan sus métodos violentos.

3. Completa las frases con *muy* o *mucho/a/os/as*:

1. Mañana por la mañana no nos tenemos que levantar muy pronto.
2. La industria del País Vasco es muy importante y da trabajo a muchas personas.
3. Ya es muy tarde para ir al cine y la entrada cuesta mucho dinero.
4. No llueve mucho, pero el viento es muy frío.
5. El tren ha salido con mucho retraso.
6. Sara es una chica muy simpática y estudia mucho.
7. No hemos comprado muchas revistas.
8. Christiane está muy contenta porque ha recibido muchos regalos.
9. Jaca no tiene muchos habitantes. No es una ciudad muy grande.
10. Muchos vascos han apoyado muchas veces a la organización ETA.

11. Se encuentra muy mal porque ha bebido muchos vasos de vino.
12. Este libro es muy bueno. Tiene muchos ejercicios.

4. Traducción:

1. Mañana nos tenemos que levantar a las siete y cuarto. – 2. Queremos pasar una semana en San Sebastián. – 3. Las flores son muy bonitas. Se las he regalado. – 4. Todavía no lo hemos visto. – 5. La ETA quiere liberar al País Vasco. – 6. Tenemos que prepararnos para nuestro examen. – 7. Muchos habitantes del País Vasco no hablan euskera. – 8. Ya es muy tarde. – 9. No he visto a nadie. – 10. El hermano de Marta ha comprado un coche nuevo. – 11. Han ido al teatro. – 12. ¿Puedes prestarme tu libro de español? – 13. Paquito no ha podido afeitarse. – 14. No quiere quedarse todo el día en casa. – 15. No te he entendido. – 16. Pedro no ha venido. – 17. Antonio no puede venir. No tiene tiempo. – 18. ¿Por qué no quieres leer la novela? – 19. Los González viven en Barcelona desde hace tres años. – 20. ¿Le has dado su libro? – 21. ¿Me puede decir dónde está la escuela?

Lección once

11.3 Ejercicios

1. Corrige las frases:

1. Los sábados, los comercios cierran a las dos de la tarde.
2. Rosario tiene un apartamento en Pamplona.
3. Pamplona es la capital de Navarra.
4. A Rosario le gusta comprar en las tiendas pequeñas.
5. Rosario compra dos kilos de manzanas rojas.
6. La botella de vino tinto cuesta 2,40€.
7. Las naranjas son más baratas que los plátanos.

2. Preguntas sobre el texto:

1. Los sábados, los comercios cierran a las dos de la tarde. – 2. Rosario vive en un apartamento de Pamplona. Pamplona está en el norte de España, en Navarra. – 3. Rosario ha salido porque quiere hacer las compras para el fin de semana. Antes de salir, ha desayunado y ha limpiado la casa. – 4. Su hija Lola la acompaña. – 5. No va ha hacer las compras a un hipermercado porque, si va a un hipermercado, tiene que coger el autobús y perder toda la mañana. Además, no le gustan los hipermercados. – 6. Rosario ha llegado a la tienda a las diez menos diez. – 7. Rosario conoce al comerciante desde su infancia. – 8. Rosario compra dos kilos de patatas. – 9. El kilo de plátanos cuesta 1,59 €. Son tan caros porque son bio y de fair trade. – 10. Las naranjas son especiales porque son productos regionales que vienen de Valencia. Las manzanas son de color rojo y verde, pero Rosario sólo comprar las rojas. – 11. Rosario

no quiere comprar vino tinto de California. Prefiere el vino de siempre. Éste cuesta 2,40 €. – 12. Rosario tiene que pagar en total 20,54 €. – 13. Vicente le regala una piruleta. – 14. La relación entre madre e hija no es muy buena. Rosario no es muy paciente con Lola y prohíbe muchas cosas. Se enfada fácilmente, pero por otro lado Lola no hace lo que le dice su madre. – 15. Se trata de la moneda de antes del euro: la peseta. Los precios del dibujo en euros son: 48 céntimos en vez de 80 pesetas, 54 céntimos en vez de 90 pesetas, 66 céntimos en vez de 110 pesetas, 1,50 € en vez de 250 pesetas, 5,22 € en vez de 870 pesetas, 5,70 € en vez de 950 pesetas y 7,20 € en vez de 1200 pesetas.

3. Ordena las palabras para formar frases:

1. Los plátanos no son siempre más caros que las naranjas.
2. Se tienen que quedar en casa porque tienen que prepararse para un examen.
3. No quiero comprar huevos porque todavía tenemos más de una docena en casa.
4. Luis compra los libros en la librería donde trabaja Mercedes porque allí le hacen descuento.

4. Transforma las frases empleando el imperativo:

1. Habla más despacio.
2. Leed este artículo.
3. Informa a tus padres.
4. Lavaos las manos.
5. Dadme una oportunidad.
6. Llamadlo por teléfono.
7. Paga los cafés.
8. Explicadme lo que ha dicho.
9. Dime la verdad.
10. Bébete la leche.
11. Préstame el libro.
12. Sácale el billete.
13. Lee la novela.
14. Invítalo.
15. Trabajad más.
16. Vuelve mañana.

6. Compara los precios de los vinos:

1. El Cariñena es más caro que el Jumilla.
2. El Alagón es tan caro como el Jumilla.
3. El Cariñena es el más caro de todos.
4. El Soriano no es tan caro como el Escorial.
5. El Don Mendo es menos caro que el Cariñena.
6. El Jumilla y el Alagón son los más baratos de todos.

7. Haz comparaciones:

1. Aprender español es más fácil que aprender francés.
2. Madrid es más grande que Toledo.
3. París es una ciudad más antigua que Los Angeles.
4. Juan tiene más dinero que Luis.
5. El museo del Prado es tan famoso como el museo del Louvre.
6. El agua mineral es tan buena como el Kas.
7. En Madrid hay más coches que en Huesca.

8. Ir en moto es más peligroso que ir en coche.
9. Las clases de informática son tan aburridas como las clases de español.

8. Completa las frases:

1. El vendedor me pone dos kilos de plàtanos. – 2. El kilo de patatas cuesta 1,30€. – 3. Los plátanos no me gustan mucho. – 4. ¿Cuánto le debemos? – 5. Aquí tiene usted la vuelta. – 6. Ellos no quieren hacer nada. – 7. ¿Podéis volver otro día? – 8. ¿Has escrito ya las cartas? – 9. Ahora no tengo tiempo porque tengo que salir. – 10. ¿Qué les has dicho? – 11. ¿A qué hora te vas? – 12. Voy a llegar con un poco de retraso. – 13. ¿Son ustedes de Barcelona? – 14. ¿A cómo van las manzanas?

9. Completa el diálogo:

Cliente: ¡Buenos días!
Vendedor: ¡Buenos días! ¿Qué le/te pongo?
Cliente: Déme/Dame dos kilos de manzanas.
Vendedor: Estas manzanas son muy buenas.
Cliente: ¿A cómo va el kilo?
Vendedor: El kilo cuesta 0,70 €. Son pues 1,40 €. ¿Desea algo más?
Cliente: Póngame/Ponme dos botellas de vino tinto de la región.
Vendedor: La botella vale 1,20 €. ¿Qué más le pongo?
Cliente: Esto es todo.
Vendedor: Entonces son 3,80 €.
Cliente: Tenga 4 €.
Vendedor: ... y 20 céntimos de vuelta.
Cliente: ¡Gracias y hasta otro rato!
Vendedor: ¡Adiós, y gracias a usted!

10. Transforma las frases según el modelo:

1. Badajoz es la provincia más grande de España.
2. Cataluña y el País Vasco son las regiones más industrializadas de España.
3. Madrid es la población más contaminada de España.
4. La Rioja es la comunidad más pequeña de España.
5. El Ebro es el río más caudaloso de España.
6. Galicia es la región más verde de España.
7. El Tajo es el río más largo de España.
8. Andalucía es la zona más calurosa de España.
9. Cádiz es la población más antigua de España.
10. Picasso es el pintor más conocido de España.
11. Rafael Nadal y Juan Carlos Ferrero son los mejores jugadores de tenis de España.
12. Burgos no es la ciudad más grande de España.
13. Montserrat Caballé es la soprano más famosa de España.
14. El AVE es el tren más rápido de España.

15. El clima de esta región es el más sano de España.
16. Este es el pueblo más pintoresco de España.

11. Emplea el superlativo absoluto:

1. La comida ha sido baratísima.
2. Este pan es buenísimo.
3. Es un chico guapísimo.
4. Este hotel es carísimo.
5. Los exámenes han sido dificilísimos.
6. Estos libros son interesantísimos.
7. Han sido unas vacaciones aburridísimas.
8. Es una chica listísima.
9. En Madrid hay edificios altísimos.
10. Ha estudiado poquísimo.

13. Sopa de letras:

precio – coger – lata – café – caja – pan – agua – kas – ajo – sal – fruta – vendedor – vino – tinto – carísimo – maduro – vuelta – bolsa

Lección doce

12.3 Ejercicios

1. Ordena los sinónimos:

acento/pronunciación	cerca de / junto a	coger/tomar
comerciante/tendero	comercio/tienda	compañero/amigo
comprender/entender	conversar/hablar	costar/valer
dificultad/problema	discutir / hablar de	escasez/falta
país/nación	pasar/estar	pensar/creer
perfectamente/correctamente	preparado/listo	pueblo / pequeña población
querer/desear	regalar/dar	regresar/volver
tener / disponer de	vivir/habitar	zona/región

2. Preguntas sobre el texto:

1. Se siente bastante a gusto porque sabe adaptarse. – 2. El problema fundamental de su familia es que el dinero tampoco alcanza en España. Por eso, los padres de Josué han tenido más de un empleo a la vez. – 3. Los padres de Josué quieren volver a Ecuador, Josué mismo no. – 4. En Ecuador se gana muy poco y mucha gente pasa hambre. – 5. Josué piensa que en general se acoge bien a los inmigrantes y que no se sufre discriminación si uno se sabe adaptar. – 6. No quiere quedarse en España sino vivir también en otros lugares, por ejemplo en Francia. – 7. Con la nacionalidad española tiene los mismos derechos que los otros españoles, tanto a nivel nacional como internacional. – 8. Otras preguntas para Josué: ¿Qué es lo que más te gusta de vivir en Europa? ¿En qué difiere la cocina española de la ecuatoriana? ...

3. Completa las frases:

1. Ellos quieren venir a Barcelona.
2. Nosotros pensamos en nuestras vacaciones.
3. Julio entiende un poco el catalán.
4. ¿A qué hora comienzas a trabajar?
5. ¿Queréis cerrar la puerta?
6. María Pilar nos viene a buscar.
7. Juanito y Alberto siempre llegan tarde.
8. No te recomiendo este restaurante.
9. ¿Salís esta tarde?
10. Juanita se sienta al lado de José.
11. Ellos no piensan volver antes del lunes.
12. ¿Queréis venir con nosotros?
13. Cuando entra en la habitación, enciende la luz.
14. Luis pierde todo lo que le dejan.

4. Forma preguntas a las que corresponden las siguientes respuestas:

1. ¿Dónde vive Jusué? – 2. ¿Cómo te llamas? – 3. ¿Qué es lo que les ocasiona graves problemas? – 4. ¿De qué trabaja esta chica? – 5. ¿Cuántos años va a cumplir Lurdes? – 6. ¿Cuál es la capital de Costa Rica? – 7. ¿Cómo se llama su hermana? – 8. ¿Dónde quieren quedarse sus hermanas? – 9. ¿Quién quiere buscar trabajo en Sevilla? – 10. ¿De dónde son las manzanas? – 11. ¿Cuándo tiene que estar Manuel en la estación? – 12. ¿De qué trabaja tu padre? – 13. ¿Dónde han comprado el libro? – 14. ¿Cuántos platos hay en la mesa? – 15. ¿Cuántos años lleva Josué en Cataluña? – 16. ¿Quién prepara el desayuno? – 17. ¿A qué hora cierra el supermercado?

5. Transforma las frases según el modelo:

1. Al entrar, cierra la puerta.
   Cuando entra, cierra la puerta.
2. Al hablar con Ana, pierdo la paciencia.
   Cuando hablo con Ana, pierdo la paciencia.
3. Al comprar los periódicos, veo a Juan Antonio.
   Cuando compro los periódicos, veo a Juan Antonio.
4. Al salir del autobús, he encontrado a Mario y a Marilú.
   Cuando he salido (salía) del autobús, he visto a Mario y a Marilú.
5. Al repasar los apuntes, he visto una falta.
   Cuando he repasado (repasaba) los apuntes, he encontrado una falta.
6. Al salir de casa, hemos encontrado a tu hermano.
   Cuando hemos salido de casa, hemos encontrado a tu hermano.
7. Al cambiar de tren, hemos olvidado una maleta.
   Cuando hemos cambiado de tren, hemos olvidado una maleta.
8. Al volver, no ha encontrado la llave.
   Cuando ha vuelto, no ha encontrado la llave.

9. Al comenzar, tenemos dificultades.
   Cuando comenzamos, tenemos dificultades.

6. Describe el horario de Elena:

Elena se levanta a las siete.
Desayuna a las siete y media.
Está en la universidad de las ocho y media a la una y media.
A la una y media va al restaurante.
A las dos acaba de comer.
A las cuatro de la tarde va a la biblioteca.
A las siete de la tarde se pasea por la ciudad.
A las ocho de la tarde escucha música.
A las nueve de la noche cena.
A las nueve y media de la noche ordena y repasa los apuntes.
A las once de la noche ve las noticias en la televisión.
A las once y media de la noche se acuesta.

8. ¿Muy/mucho?

1. La nariz del señor Gómez es muy larga.
2. El señor Gómez ha comido mucho.
3. El camarero le ha servido muy bien.
4. El señor Gómez ha bebido mucho vino.
5. El señor Gómez come muy a menudo en el restaurante.
6. El camarero no es muy alto.
7. En la mesa hay muchos platos.
8. El importe de la cuenta es muy elevado.
9. El señor Gómez siempre tiene mucho apetito.
10. No hay muchas botellas de vino vacías.

9. Forma frases siguiendo los modelos:

a)

1. Tenemos los libros
   ¿Necesita usted los libros?
   Tenga/Tome los nuestros.
2. Tengo las llaves
   ¿Necesitáis las llaves?
   Tomad las mías.
3. Tengo un disco.
   ¿Necesita usted un disco?
   Tome el mío.
4. Tengo sellos.
   ¿Necesitan ustedes sellos?
   Tomen los míos.

b)

1. Tenéis un mapa.
   Necesitamos un mapa.
   Prestádnoslo.
2. Usted tiene un diccionario de inglés.
   Necesito el diccionario.
   Préstemelo.
3. Tenéis dos guitarras.
   Necesitamos dos guitarras.
   Prestádnoslas.
4. Ustedes tienen una cámara fotográfica.
   Necesito una cámara fotográfica.
   Préstenmela.

5. Tenemos una mesa.
¿Necesitas una mesa?
Toma la nuestra.

5. Tienes un paraguas.
Necesito un paraguas.
Préstamelo.

10. Transforma las frases empleando el imperativo:

1. Quédate en Barcelona. – 2. Llamadme por teléfono. – 3. No hable tanto. – 4. Ven con nosotros. – 5. Salgan antes de las siete. – 6. No hables tan deprisa. – 7. Prestadnos el coche. – 8. Pregúntaselo. – 9. Reserva el billete. – 10. Pague las entradas. – 11. Traedme los libros. – 12. Diga la verdad. – 13. Saluda a estos señores. – 14. Invítenlos a cenar. – 15. Compradle el regalo. – 16. Haz todos los deberes.

12.4 Una carta de Lima

1. Completa las frases empleando el subjuntivo:

1. Mi madre no quiere que salgamos esta tarde.
2. Espero que no me vuelvas a decir que no tienes tiempo.
3. Susana pide a Matthias que le envíe una foto de su familia.
4. Deseamos que nos acompañes.
5. Susana espera que Matthias esté bien.
6. No quiero que trabajes demasiado.
7. Me pide que vaya a la estación, que pase por un bar y que le compre un bocadillo de jamón.
8. El profesor quiere que estudiemos los vocablos y respondamos las preguntas por escrito.
9. Te pido que me digas toda la verdad.
10. Dice que cerremos la puerta y abramos la ventana.
11. Espero que vengáis puntualmente.
12. No quiere que paguemos las cervezas.
13. Te deseamos que tengas un buen viaje y que llegues bien a tu casa.
14. No quiero que me lo repitas tantas veces.
15. Me exige que le devuelva el dinero antes del lunes.

2. Preguntas sobre el texto:

1. Susana vive en Lima. – 2. Susana escribe a Matthias. – 3. No, Matthias es alemán. – 4. El nombre completo de Susana es: Susana Rosas Lapuente. – 5. Susana tiene diecisiete años. – 6. Susana estudia en el colegio Ayacucho. – 7. Susana solamente tiene que ir al colegio este año escolar porque ya está en el último curso. – 8. Susana todavía no sabe qué carrera va a estudiar. – 9. No, Susana no es hija única. Tiene una hermana y un hermano. – 10. Su hermana se llama Elcha y su hermano Luis Manuel. – 11. Su hermana estudia Medicina en la Universidad de San Marcos. – 12. Su hermana tiene veintitrés años y su hermano catorce. – 13. Susana le manda una postal del parque zoológico de Lima. – 14. Susana le pide una foto de su familia.

– 15. Los padres de Susana trabajan los dos. Su padre es profesor de instituto y su madre es educadora en un jardín de infancia.

12.5 La inmigración española a Alemania

1. ¿Verdadero o falso? Di en qué parte del texto está la información que fundamenta tu respuesta.

1. Falso (líneas 11–19)
2. Verdadero (línea 3–5)
3. Falso (línea 9)
4. Falso (líneas 30–34)
5. Verdadero (líneas 27–29)
6. Verdadero (líneas 37–43)

Lección trece

13.3 Ejercicios

1. Preguntas sobre el texto:

1. Elena es de Madrid pero vive desde su infancia en Sevilla. – 2. Su padre es director de un banco. No, Elena no vive en casa de sus padres. Vive sola en un apartamento. – 3. Elena ha podido dormir hasta las nueve y media porque hoy es sábado. Elena está leyendo el periódico. – 4. Fernando viene a casa de Elena. Elena y él han trabajado juntos en el mismo banco. – 5. Fernando vive ahora en Cádiz. Cádiz está en Andalucía. – 6. Fernando está de viaje para Madrid, pero su coche ha empezado a dar problemas. Por eso, lo ha llevado a un taller y ha decidido visitar a Elena. No va a quedarse en Sevilla sino tiene que seguir con su viaje porque el día siguiente es el bautizo de su sobrino y el día después ya tiene una reunión. – 7. Fernando le ha traído unos discos de Miguel Poveda. – 8. No, Fernando y Elena no se quedan en casa para comer. Fernando la invita a comer unas tapas. – 9. Comen en un bar en el barrio de Arenal, cerca de la plaza de toros. Hablan de las últimas novedades porque hace mucho tiempo que no se han visto. – 10. Después de comer, Fernando se toma un café y paga la comida. – 11. Fernando acompaña a Elena hasta el portal y allí se despiden. – 12. Elena piensa ir a Cádiz para visitar a Fernando e invitarlo a comer tapas. – 13. Sí, son buenos amigos aunque últimamente no se han visto mucho.

2. Transforma las frases según el modelo:

1. La familia Gómez está cenando. – 2. Elena está escuchando un CD de Alejandro Sanz. – 3. Elena y Fernando están hablando de Sevilla. – 4. Están reparando el coche. – 5. ¿Qué estás haciendo? – 6. El tren está saliendo. – 7. Se está haciendo tarde.

– 8. ¿A quién estáis esperando? – 9. He estado comprando unos libros. – 10. Están preparando los exámenes. – 11. Estamos esperando respuesta. – 12. Hemos estado celebrando su cumpleaños. – 13. Sus hermanos están estudiando en la Universidad de Zaragoza. – 14. Están pasando unos días en el Balneario de Panticosa. – 15. Está leyendo el periódico. – 16. Estamos estudiando español. – 17. Estamos oyendo la radio. – 18. Han estado pasando las vacaciones en Italia. – 19. El microondas aún está funcionando. – 20. El ordenador está instalando el nuevo programa.

3. Responde a las preguntas:

1. No, la estamos terminando.
   No, estamos terminándola.
2. Sí, Jaime está duchándose.
   Sí, Jaime se está duchando.
3. No, estoy leyéndola.
   No, la estoy leyendo.
4. No, no está informándolos.
   No, no los está informando.
5. Sí, está levantándose.
   Sí, se está levantando.
6. No, no se lo están diciendo.
   No, no están diciéndoselo.
7. No, no está tomándosela.
   No, no se la está tomando.
8. No, está llegando.
9. Ahora estoy escribiéndosela.
   Ahora se la estoy escribiendo.
10. Ahora están reparándolo.
    Ahora lo están reparando.

4. ¿Mientras o durante?

1. Mientras hago los deberes, escucho la radio.
2. Durante la comida, han hablado de Sevilla.
3. ¿Qué haces durante todo el día?
4. Mientras come, no le gusta hablar.
5. Mientras cenan, no miran la televisión.
6. Durante las vacaciones no leemos ni una letra.
7. Voy a comprar unas cosas mientras te duchas.
8. He escrito dos cartas durante mi tiempo libre.
9. Mientras preparáis las maletas, voy a buscar algo para beber.

5. Pon un poco de orden:

1. Elena vive en Sevilla. Su padre es el director del banco en el que ella trabaja.
2. Fernando se da cuenta al llegar a Sevilla de que su coche no funciona bien y lo lleva a un taller.
3. Fernando aprovecha la oportunidad para visitar a Elena porque ya hace casi medio año que no ha hablado con ella.

6. Escribe los adjetivos en la forma y el lugar convenientes:

1. Roberto es un buen amigo de Carlos y vive en un pequeño pueblo de la provincia de Cuenca. – 2. La calle donde vivimos es una calle muy céntrica, pero en ella no hay casi ninguna tienda. – 3. El verano es una buena época para hacer interesantes excursiones. – 4. Cuando hace mal tiempo, nos quedamos en casa. – 5. Ha sido una

buena oportunidad para hacerte una breve visita. – 6. Su tía es una gran escritora. Sus obras son conocidísimas. – 7. Su hermano vive en el primer piso del edificio que está frente al hospital. – 8. Estas manzanas no son buenas, todavía están muy verdes. – 9. Gran parte de la población de México vive en las grandes ciudades.

7. Pon las frases en el pasado:

1. Elena ha vivido desde su infancia en Sevilla. – 2. Ha desayunado a las nueve y ha escuchado música hasta las once. – 3. Se ha levantado del sillón y ha abierto la puerta. – 4. Fernando ha dejado su coche en el taller y ha ido a ver a su amiga Elena. – 5. Le ha traído un CD de Miguel Poveda. – 6. Elena ha preparado el café y ha puesto la mesa. – 7. Fernando ha ido a pasar dos días en Madrid. – 8. Se ha ido a las cuatro de la tarde. – 9. No ha tenido que coger el autobús. – 10. Ha llegado a Madrid antes de las once de la noche.

8. Redacción:

Fernando trabaja en un banco de Cádiz. Este fin de semana tiene que ir al bautizo de su sobrino que tiene lugar en Madrid, pero durante su viaje su coche tiene una avería. Deja el coche en un taller y aprovecha la oportunidad para visitar a Elena, una antigua compañera de trabajo que tiene un piso en una calle céntrica de Sevilla. Fernando le lleva un CD y juntos van a tomar unas tapas. Después de comer, Fernando toma un café.

Desgraciadamente, Elena y Fernando no pueden conversar mucho tiempo porque Fernando tiene seis horas de coche hasta Madrid y no quiere que se le haga tarde. Lo bueno es que Elena le quiere visitar ya el siguiente fin de semana en Cádiz.

13.4 Andalucía

1. Escribe y traduce los sustantivos que corresponden a los siguientes verbos:

jubilación (f.)	adaptación (f.)	aumento (m.)	busca (f.)	ocasión (f.)
Pensionierung	Anpassung	Zunahme	Suche	Gelegenheit
contrato (m.)	crecimiento (m.)	cultivo (m.)	dificultad (f.)	disminución (f.)
Vertrag	Wachstum	Anbau	Schwierigkeit	Abnahme
emigración (f.)	esfuerzo (m.)	existencia (f.)	huida (f.)	límite (m.)
Auswanderung	Anstrengung	Existenz	Flucht	Grenze
lluvia (f.)	mecanización (f.)	permanencia (f.)	pertenencia (f.)	producción (f.)
Regen	Mechanisierung	Fortdauer	Eigentum	Produktion
reparto (m.)	salida (f.)	sueño (m.)	vuelta (f.)	interés (m.)
Verteilung	Ausgang	Traum	Rückkehr	Interesse

2. Preguntas sobre el texto:

1. Andalucía está en el sur de la Península Ibérica. La capital de la Comunidad Autónoma de Andalucía es Sevilla. Otras ciudades andaluzas son, entre otras, Córdoba,

Málaga, Granada y Jaén. – 2. En Andalucía hay muy poca industria. Los andaluces viven principalmente de la agricultura y del turismo. – 3. Las tierras andaluzas no producen mucho porque son pobres y en Andalucía llueve poco. – 4. Un latifundio es una finca de mucha extensión que pertenece a un solo propietario. – 5. Los andaluces emigran sobre todo a Madrid, a Cataluña y al País Vasco. Emigran a estas regiones porque en ellas hay mucha industria y existe la posibilidad de encontrar con bastante facilidad un lugar de trabajo. – 6. La Costa del Sol está en la provincia de Málaga. Muchas de las personas que trabajan en los hoteles tienen ocupación únicamente durante una parte del año. – 7. Los fenicios, cartagineses y griegos han estado en Andalucía. – 8. En Andalucía hay tres monumentos muy famosos: la Alhambra de Granada, la Mezquita de Córdoba y la catedral de Sevilla. – 9. El paisaje andaluz es muy variado. Hay grandes parques naturales, desiertos, montañas altas y muchos kilómetros de playa. – 10. En invierno el tiempo es templado.

Lección catorce

14.3 Ejercicios

1. Preguntas sobre el texto:

1. Felipe está en su habitación. Está leyendo el periódico. – 2. Su amigo Ricardo entra en la habitación. – 3. Felipe está oyendo «El sombrero de tres picos». – 4. A Ricardo le gustan más Albéniz y Granados porque los dos han compuesto sobre todo para piano. – 5. Patricia Azanza es una pianista famosa que va a dar un concierto en el Teatro Central el día siguiente. – 6. Ricardo ya ha reservado las entradas hoy por la mañana. – 7. Marcos es un compañero de estudios de Felipe. Éste quiere pasar por la casa de Marcos para recoger unos libros. Después, quiere comprar las entradas. – 8. Felipe quiere comprar hoy ya las entradas porque las entradas de los conciertos de Patricia Azanza se veden muy deprisa. – 9. Antonia es la hermana de Ricardo. Él ya ha reservado dos entradas para ellos. – 10. Ricardo todavía no tiene las entradas pero no quiere que Felipe las saque porque ya las tiene reservadas. – 11. Ricardo y Antonia han quedado con Felipe a las siete para ir juntos al concierto en el coche de Felipe.

2. Pon las frases en futuro:

1. Compraré el periódico. – 2. Cenaremos a las diez. – 3. ¿Cogerás las flores? – 4. Pensaré en ti. – 5. ¿Sacarás las entradas para nosotros? – 6. Iré a ver a un amigo mío. – 7. Antonia y Pablo no irán al concierto. – 8. ¿Cuándo volveréis? – 9. Tendrás que preguntarle por la dirección. – 10. ¿Podrá usted acompañarnos? – 11. Ellos irán conmigo. – 12. Se llevarán la cámara. – 13. Este concierto no me lo perderé. – 14. Las entradas se agotarán rápidamente. – 15. No querrán salir con vosotros. – 16. Saldremos antes de cenar. – 17. Haré los deberes después de comer. – 18. Habrá que

trabajar más. – 19. ¿Podrás venir con nosotros? – 20. La población urbana aumentará constantemente. – 21. Saldrán mañana, se quedarán dos días en Barcelona y volverán el viernes por la tarde.

3. ¿Ser o estar?

Bruno pasa por casa de Anke.

Bruno: ¡Hola!

Anke: ¡Hola! ¿Cómo estás?

Bruno: Bien. ¿Qué haces?

Anke: Estoy preparando la clase de español. Estamos repasando un texto para aprender el empleo de «ser» y «estar». Es un texto bastante difícil. Yo estoy un poco preocupada porque no lo entiendo bien.

Bruno: Es importante dominar bien el empleo de estos verbos. Pero no estoy aquí para hablar de esto. He pensado que podemos ir a tomar unas copas. Es más interesante.

Anke: Estoy de acuerdo. Ya estoy harta de romperme la cabeza con estos verbos. Además ahora ya es demasiado tarde para repasar el empleo de verbos. Ya son más de las ocho. Podemos ir al «Apex».

Bruno: Estoy totalmente de acuerdo. ¿Vamos en tu coche?

Anke: No. No es posible. El coche está en el taller. Está averiado. Podemos ir a pie. El local no está muy lejos.

Bruno: ¿El «Apex»? Seguramente que está Felipe.

Anke: ¿Felipe? ¿Quién es Felipe?

Bruno: Es un amigo mío. Felipe es peruano y está estudiando Filología Románica en la universidad. Con él podrás hablar de tus problemas sobre el «ser» y el «estar».

Anke: De acuerdo. Es una buena idea. Aprender español de esta manera es más agradable que romperse la cabeza con los libros.

Bruno: Y con un poco de líquido es incluso más fácil. ¿Estás lista?

Anke: ¡Vamos!

4. Transforma las frases según el modelo:

1. Juan me ha traído un CD. El CD es para mí.
2. Andrés y yo hemos venido juntos. Andrés ha venido conmigo.
3. Pienso mucho en Ana y Rafael. Pienso mucho en ellos.
4. Te he comprado un regalo. Es un regalo para ti.
5. Os hemos sacado las entradas. Hemos sacado las entradas para vosotros.
6. Mis padres no me entienden. Están siempre contra mí.
7. ¿Vas al cine? Puedo ir contigo.
8. El libro es para Ricardo. No es para ti.
9. Les sacaré las entradas. Sacaré las entradas para ellos.
10. Ha venido tu amigo Roberto. Ha preguntado por ti.
11. Juan nos ha traído un buen diccionario. El diccionario es para nosotros.

12. Llama por teléfono a tu hermana. Quiere hablar contigo.
13. No llamamos a Ricardo. No quiere salir con nosotros.
14. Si no llegas a tiempo, saldremos sin ti.

5. Ordena los sinónimos:

acompañar / ir con	agradar/gustar	agradecer / dar las gracias
aprender/estudiar	cerca / al lado de	compañero/amigo
composición/obra	comprar/adquirir	conocido/a / famoso/a
contestar/responder	difícil / complicado/a	dominar / conocer bien
empleo/uso	lleno/a / ocupado/a	periódico/diario
permanecer/quedarse	querer/desear	región/zona
repartir/distribuir	satisfecho/a / contento/a	sobre todo / principalmente
tocar/interpretar	únicamente/solamente	vocablo/palabra

6. Traducción:

1. Aquí tengo mis fotos. Mañana os las enseñaré. – 2. Han hablado de ti. – 3. ¿No me puedes esperar? – 4. Eso no es para ti, es para mí. – 5. ¿Dónde está el dinero? – Se lo has dado. – 6. Tengo que hablar contigo. – 7. Te lo explicaré mañana. – 8. ¿Por qué no tomas una copa conmigo? – 9. No se lo explica. – 10. ¿Conoces esta historia? – Sí, nos la ha contado muchas veces. – 11. Las flores son muy bonitas. Se las he regalado yo. – 12. ¿Qué ha dicho? ¿Me lo puedes decir? – 13. ¿Dónde está la casa? ¿Me la puede enseñar? – 14. ¿Quiere venir con nosotros? – 15. Henry no sabe dónde está el correo. ¿Se lo puedes mostrar? – 16. ¿Qué hay en esta bolsa? – 17. ¿Habéis sacado fotos? ¿Me las podéis enseñar? – 18. Habla frecuentemente consigo mismo. – 19. Entre tú y él no ha habido nunca problemas. – 20. Ahora mismo estamos hablando de él. – 21. Don Laureano habla muchas veces con nosotros.

7. Repaso del subjuntivo. Pon las frases en la forma negativa:

1. No vengas antes de las ocho. – 2. No abráis las ventanas. – 3. No se lo digas. – 4. No me compre el periódico. – 5. No cierres la puerta. – 6. No se lo pregunten. – 7. No pongas la maleta encima de la mesa. – 8. No lo llaméis por teléfono antes de las diez. – 9. No pagues los cafés. – 10. No le diga por qué he venido. – 11. No me reserves la entrada. – 12. No hagáis los ejercicios de la página veintitrés.

14.5 «Anglos» contra «hispanos»

1. Escribe los contrarios de las siguientes expresiones:

1. Muchas personas ignoran que el español es el segundo idioma de los EE. UU.
2. Algunos habitantes son altos, tranquilos, ordenados e inofensivos.
3. Están al corriente de todo lo que ocurre fuera de América.
4. La lucha termina.
5. El número de hispanos disminuye día a día.

6. La disminución del número de inmigrantes acelera la mezcla étnica.
7. Tienen pocos hijos, trabajan mucho y ahorran todo lo que ganan.
8. Muchos anglos se niegan a aprender español.
9. La lucha entre anglos e hispanos ha comenzado.

2. Pon las frases en el pretérito perfecto:

1. ¿Qué disco has estado oyendo? – 2. Pablito nos ha reservado las entradas por teléfono. – 3. La lucha entre «anglos» e «hispanos» no ha terminado. – 4. Ricardo no ha querido ir al concierto. – 5. Su tío ha vivido obsesionado por las reglas. – 6. Felipe me ha dicho que no puede venir. – 7. Una pianista muy conocida ha dado un concierto en el Teatro Central. – 8. Este señor ha sido profesor de mi hermano. – 9. La exogamia ha puesto fin a las luchas étnicas. – 10. Este remedio no ha dado resultado. – 11. Ricardo ha escrito una carta a su amigo. – 12. Nos ha dicho que no ha podido terminar de escribir la carta. – 13. Muchos «anglos» no han estado interesados en aprender castellano. – 14. Han tenido que volver a casa. – 15. No he sabido decírselo. – 16. No he querido hablarte de esto. – 17. Hemos tenido que comprar dos sellos. – 18. ¿Habéis hecho los deberes? – 19. Los «guetos» han crecido muy rápidamente. – 20. Elena no les ha abierto la puerta.

3. Cuestiones sobre el texto:

1. Anglos son los habitantes norteamericanos de origen inglés. Hispanos son los habitantes norteamericanos que son descendientes de antepasados nacidos en países hispanohablantes.
2. El segundo idioma más hablado en los Estados Unidos es el castellano.
3. El español es todavía lengua materna en Nuevo México, Arizona, Texas y California.
4. Algunos habitantes de Norteamérica están interesados en aprender castellano porque, conociendo este idioma, pueden tener mejores contactos con los hispanos.
5. Muchos anglos piensan que los hispanos son poco trabajadores, poco formales y peligrosos.
6. Los hispanos acusan a la mujer angla de ser infiel a su marido.
7. Los anglos, según los hispanos, sólo están interesados en saber lo que pasa en los Estados Unidos.
8. El autor cree que el conflicto étnico entre anglos e hispanos se solucionará con la exogamia, con la mezcla de las dos razas.
9. El autor piensa que el problema tardará en solucionarse porque el número de latinos que se translada a los Estados Unidos cada vez es mayor.

Lección quince

15.3 Ejercicios

1. Pon las frases en pretérito perfecto, en futuro y condicional:

1. He hablado con Antonio. Hablaré con Antonio. Hablaría con Antonio.
2. Hemos visto la televisión. Veremos la televisión. Veríamos la televisión.
3. Ha ido a la escuela. Irá a la escuela. Iría a la escuela.
4. Le he escrito una carta. Le escribiré una carta. Le escribiría una carta.
5. No he dicho nada a nadie. No diré nada a nadie. No diría nada a nadie.
6. Ha tenido que ir al médico. Tendrá que ir al médico. Tendría que ir al médico.
7. Hemos visitado a un amigo. Visitaremos a un amigo. Visitaríamos a un amigo.
8. Hemos ido en bicicleta. Iremos en bicicleta. Iríamos en bicicleta.
9. Se ha puesto nervioso. Se pondrá nervioso. Se pondría nervioso.
10. No he sabido qué decir. No sabré qué decir. No sabría qué decir.
11. He oído las noticias. Oiré las noticias. Oiría las noticias.
12. La película no les ha gustado. La película no les gustará. La película no les gustaría.
13. Han dicho que no pueden venir. Dirán que no pueden venir. Dirían que no pueden venir.
14. Han sacado las entradas. Sacarán las entradas. Sacarían las entradas.
15. Has leído el periódico. Leerás el periódico. Leerías el periódico.
16. Me he quedado en casa. Me quedaré en casa. Me quedaría en casa.
17. Ha llamado a la señora Hernández. Llamará a la señora Hernández. Llamaría a la señora Hernández.
18. Han vuelto muy tarde. Volverán muy tarde. Volverían muy tarde.
19. Hemos puesto la radio. Pondremos la radio. Pondríamos la radio.
20. Han querido salir de excursión. Querrán salir de excursión. Querrían salir de excursión.
21. Hemos salido a las tres. Saldremos a las tres. Saldríamos a las tres.

2. Preguntas sobre el texto:

1. Pilar estudia Biología. – 2. Pilar estudia Biología en la Universidad de Zaragoza. – 3. Pilar no ha alquilado un piso. Vive en casa de sus padres. – 4. Jaime es un compañero de estudios de Pilar. – 5. Jaime es también de Zaragoza. – 6. Jaime ha llamado a Pilar porque quiere ir al cine con ella. – 7. No, le ha respondido el padre de Pilar. – 8. Pilar no puede ir con Jaime al cine porque tiene que ir a cuidar a unos niños. – 9. La señora Hernández es una conocida de Pilar que vive en el quinto piso. – 10. Los Hernández pagan a Pilar seis euros a la hora. – 11. Si Pilar no va al cine con Jaime, Jaime va a invitar a Matilde. – 12. Pilar no está de acuerdo con la idea de Jaime, quiere acompañarlo ella misma. – 13. Pilar pregunta a Jaime si Matilde

podría estar interesada en cuidar a los niños de los Hernández. – 14. Jaime piensa que Matilde no aceptará porque tiene mucho trabajo en la peluquería. – 15. Antes de ir al cine, quieren tomar algo.

3. Yo haría lo contrario.

1. Yo no me quedaría en casa toda la tarde.
2. Yo no tomaría tanto café.
3. Yo no lo esperaría todas las tardes.
4. Yo no se lo diría.
5. Yo no les daría ninguna excusa.
6. Yo no haría todo lo que me dicen.
7. Yo no visitaría a mis tíos.
8. Yo no pondría la mesa.
9. Yo no invitaría a todos mis amigos.
10. Yo no tendría tanta paciencia.
11. Yo compraría las entradas.
12. Yo no saldría todas las tardes.

4. ¿Desde / desde hace / hace / antes de?

1. Aprendo a tocar la guitarra desde hace tres meses.
2. Ya hace mucho tiempo que no lo he visto.
3. Ellos viven en este pueblo desde hace tres años.
4. Han estado esperándote desde las tres de la tarde.
5. La película ha comenzado hace cinco minutos.
6. Han desayunado antes de salir.
7. Su padre trabaja en esta empresa desde hace muchos años.
8. Hemos salido de casa antes de mediodía.

5. Completa las frases:

1. Cierra la puerta, que hace un poco de viento.
2. Lo siento mucho, pero no puedo acompañarte.
3. Muchas veces Manuel no piensa lo que dice.
4. Si salís, me lo decís.
5. Nuestras clases empiezan a las ocho y terminan a las cuatro de la tarde.
6. Ellos piensan que volverán la semana próxima.
7. Lo he visto algunas veces, pero no he hablado nunca con él.
8. Luis quiere sentarse porque está muy cansado.
9. Las entradas cuestan más de 10 euros.
10. Presiento que tú no tienes razón.
11. Prefiero volver más tarde.
12. Rosario no va al cine, prefiere quedarse en casa.
13. Alberto no se pierde ningún concierto.

6. Forma el futuro próximo y el pasado reciente:

1. Carmen va a comprar un billete. Carmen acaba de comprar un billete.
2. Pilar y Roberto van a salir. Pilar y Roberto acaban de salir.
3. Luis va a levantarse. Luis se acaba de levantar.
4. Jaime va a llamar por teléfono a Pilar. Jaime acaba de llamar por teléfono a Pilar.
5. Pilar va a salir con su madre. Pilar acaba de salir con su madre.
6. Se lo voy a decir. Se lo acabo de decir.
7. Les voy a enviar un fax. Les acabo de enviar un fax.
8. Los Ramírez van a salir de paseo. Los Ramírez acaban de salir de paseo.
9. Roberto va a tener algunos problemas. Roberto acaba de tener algunos problemas.
10. La señora Lac nos va a preparar una buena paella. La señora Lac nos acaba de preparar una buena paella.
11. Carmen va a terminar sus estudios. Carmen acaba de terminar sus estudios.
12. Los voy a llevar al parque con mi coche. Los acabo de llevar al parque con mi coche.
13. Vamos a preparar todo lo necesario. Acabamos de preparar todo lo necesario.
14. María nos lo va a preguntar. María acaba de preguntárnoslo.
15. Sus amigos van a ayudarle. Sus amigos acaban de ayudarle.
16. Van a venir de la playa. Acaban de venir de la playa.
17. Me voy a lavar los dientes. Me acabo de lavar los dientes.
18. Le va a llamar por teléfono. Le acaba de llamar por teléfono.
19. Van a entrar en casa de Adrián. Acaban de entrar en casa de Adrián.
20. Vamos a escribir una redacción. Acabamos de escribir una redacción.

7. Ordena las palabras:

1. Esta noche Jaime quiere ir al cine con su amiga Pilar.
2. Pilar quiere ir a cuidar a los niños de unos vecinos que tienen que salir y que viven en el quinto.
3. Jaime ha comprado las entradas porque hoy ya es el último día que ponen la película de Saura.
4. Cuando cuida a los niños, Pilar recibe 6 euros a la hora.
5. Jaime estudia Biología en la Universidad de Zaragoza y vive en casa de sus padres.
6. La madre de Pilar ha salido después de comer, pero ya ha vuelto.
7. Pilar tiene que hablar con la señora Hernández porque esta tarde no quiere quedarse con los niños.
8. A Matilde le gustan mucho las películas de Saura.

8. Redacción:

Jaime y Pilar son dos estudiantes de Zaragoza que se conocen desde hace mucho tiempo. Jaime quiere ir a ver una película con Pilar. Marca el número de teléfono de

Pilar y le pregunta si lo puede acompañar. Pilar le responde que tiene que ir a cuidar a los niños de los Hernández. Los Hernández tienen que hacer una visita. Ella recibe 6 euros a la hora. Jaime le dice que si ella no puede ir va a invitar a Matilde. Pilar se lo piensa mejor y le dice que va a dar una excusa a los Hernández. Puede ser que Matilde se quede con los niños.

15.4 Buenos Aires

Preguntas sobre el texto:
1. El río que pasa por Buenos Aires es el Río de la Plata. – 2. Buenos Aires tiene más de quince millones de habitantes. – 3. A los habitantes de Buenos Aires los llaman porteños. – 4. A los españoles en Argentina se les conoce como «gallegos». – 5. Buenos Aires es una referencia en todo el mundo porque es considerada como uno de los mayores centros urbanos del mundo y ostenta una enorme actividad cultural y artística. – 6. Argentina tiene un marcado carácter europeo porque entre sus habitantes se encuentran muchos de origen italiano y español. – 7. Sí, los hay. En el norte de Argentina viven hoy unos cien mil indios. – 8. Dos han sido las causas que han llevado en los últimos tiempos a algunos argentinos a emigrar: la represión política en las décadas de los sesenta y los setenta y las dificultades económicas en la época de transición a la democracia y hoy en día. – 9. Emigran mayormente a Europa, especialmente a España e Italia porque sus antecedentes han sido europeos. Sin embargo, los emigrantes argentinos no son bienvenidos: muchos tienen que volver a Argentina a causa de las estrictas leyes de inmigración de la Unión Europea.

Lección dieciséis

16.3 Ejercicios

1. Preguntas sobre el texto (1ª parte):
1. El verano pasado Nuria estuvo en Galicia. – 2. Galicia está en el noroeste de España, al norte de Portugal. – 3. La capital de Galicia es Santiago de Compostela. – 4. Los gallegos hablan dos lenguas: el gallego y el castellano. – 5. Para Nuria, la costa más bonita de España es la costa gallega. – 6. Nuria viajó por el país gallego en tren y en auto-stop. – 7. Nuria se interesó por las costumbres, las formas de vida y los problemas de los habitantes de Galicia. – 8. La ciudad de Santiago se la enseñó un estudiante. – 9. Nuria visitó con el estudiante la catedral. – 10. Una taberna es un bar, una bodega. – 11. Nuria bebió Ribeiro. – 12. Nuria se enteró de muchas cosas de Galicia porque preguntó mucho. – 13. Muchos gallegos viven de la pesca. – 14. No pocos habitantes de Galicia tienen que salir de su país porque en su tierra no encuentran trabajo.

2. Emplea el indefinido:

1. Ayer el autobús llegó muy tarde. – 2. Te esperamos hasta las doce de la noche. – 3. Durante la comida no bebieron ni una gota de vino. – 4. Ella vivió en aquella casa durante muchos años. Pasó en ella casi la mitad de su vida. – 5. Mandé un fax para reservar dos habitaciones. – 6. Pasaste por delante de nuestra casa, pero no entraste. – 7. Cuando el tren paró en la estación de Pamplona, bajé, entré en el bar de la estación y tomé una cerveza. – 8. Tú no entendiste lo que ellos te preguntaron. – 9. La fiesta duró hasta las tres de la mañana. – 10. No pude solucionar todos los asuntos y me quedé tres días en Madrid. – 11. El otro día Pedro nos invitó a cenar. Nos dio una buena cena. – 12. Entraron en el banco y cambiaron dólares en euros. Después volvieron a casa, comieron y salieron a dar un paseo. Volvieron bastante tarde. – 13. ¿Te levantaste ayer muy temprano? – 14. Llegué a Barcelona a las ocho de la noche, tomé una habitación en un hotel y me acosté bastante pronto. Al día siguiente alquilé un coche para ir a Lérida. En Lérida me encontré con un amigo y pasé el fin de semana en un pueblo del Pirineo leridano.

3. Completa las frases:

1. El clima gallego es muy fresco. Por este motivo los campos gallegos están siempre verdes.
2. Muchos gallegos viven de la pesca.
3. Los gallegos están seguros de que su costa es la más bonita de España.
4. Algunos habitantes de Galicia tienen que emigrar porque en su tierra no encuentran trabajo.
5. Nuria fue a A Coruña en tren y continuó el viaje en auto-stop hasta Santiago.

4. Preguntas sobre el texto (2ª parte)

1. Nuria quiere ir a un concierto de rock. – 2. No. Nuria quiere ir con Teresa. – 3. Teresa es una amiga de Nuria. – 4. No tienen que ir a buscar las entradas porque las han comprado con antelación. – 5. Antes de ir al concierto, van a un bar. – 6. Vicente celebró su cumpleaños ya hace casi un año. – 7. Javier y Nuria estuvieron en Galicia. – 8. Fueron en tren. – 9. Javier y Nuria estuvieron en A Coruña una semana. – 10. Después fueron a Santiago de Compostela. – 11. No. A Santiago de Compostela fueron en auto-stop. – 12. Sí. Teresa estuvo en Santiago de Compostela hace dos años. – 13. Jorge es un amigo de Teresa. Jorge estuvo con ella y Ricardo en Galicia hace dos años. – 14. Jorge se compró en Santiago una gaita. – 15. Nuria y Javier visitaron también la ciudad de Vigo. – 16. Fueron también en auto-stop. – 17. Tuvieron que esperar en la carretera más de dos horas. – 18. Los cogieron unos estudiantes de Santiago. – 19. No. No los llevaron hasta Vigo. Los llevaron hasta Villagarcía de Arosa. – 20. Arosa está a unos cuarenta kilómetros de Vigo. – 21. Tardaron cuatro horas.

5. Completa las frases empleando el indefinido donde haga falta:

1. Ayer fui al cine.
2. ¿Estuvieron ustedes el verano pasado en la Costa Brava? Nosotros fuimos a la Costa Cantábrica.
3. El sábado pasado salí con Manuel. Paseamos dos horas por la ciudad, entramos en un bar para tomar un refresco y volvimos a casa a las diez y media.
4. El año pasado, Mariano no fue de vacaciones.
5. Felipe II fue un rey español.
6. Ayer me puse a estudiar a las 3 de la tarde y terminé pasadas las siete.
7. ¿Por qué no fuiste al médico?
8. No me acordé de decírselo.
9. ¿Qué hicisteis el verano pasado?
10. La semana pasada una conocida pianista dio un concierto en el Ateneo. Interpretó obras de Granados y de Falla. El público fue muy numeroso y aplaudió (aplaudieron) mucho.
11. Ella no me quiso dar su número de teléfono.
12. No te vine a ver porque no tuve tiempo. Estuve ayudando toda la tarde a mi padre.
13. Anteayer no estuvimos en el concierto porque tuvimos que ir a acompañar a unos conocidos.
14. Hace dos días estuve en su casa.

6. Transforma las frases:

1. A mí me gusta la música.
2. A ella le gusta el pescado.
3. A nosotros nos gusta viajar en tren.
4. A vosotros os gusta leer novelas.
5. A ti te gusta ver la televisión.
6. A Antonio no le gusta ir al cine.
7. A mí me gusta tocar la guitarra.
8. A María le gusta cantar.
9. A Carlos no le gusta mucho hablar.
10. A ustedes les gusta tomar aire fresco.
11. A Gil y a Lola les gusta ir a las tascas.
12. A ti te gusta poco estudiar.

7. Pon de relieve las palabras subrayadas:

1. A mí no me gusta el pescado. – 2. A él no le hemos preguntado. – 3. A mí me ha dicho que no puede venir. – 4. La televisión, sus padres no se la han querido comprar. – 5. La maleta, ya la tengo preparada. – 6. El coche, lo han aparcado cerca de tu casa. – 7. A Martina, no le ha regalado nada. – 8. A Javier, no lo he visto. – 9. A ti te he comprado dos discos. – 10. A nosotros no nos han invitado. – 11. A Carmen, no la he visto. – 12. A vosotros no os quieren invitar. – 13. Los cafés, nos los ha pagado Antonio. – 14. A él no se lo hemos comunicado.

8. Pon las frases en el futuro:

1. Bruno y Anke irán al «Apex» en el coche de Anke. – 2. En el «Apex» estará seguramente Felipe. – 3. Juan habrá terminado sus estudios a finales de junio. – 4. Comprarán un libro y se lo llevarán a Carmen porque Carmen celebrará su cumpleaños. – 5. Saldremos a las dos de la tarde y volveremos a las diez de la noche. Pasaremos toda la tarde en casa de unos amigos. – 6. Ya habremos salido antes de las cinco de la mañana. – 7. Me dirá que no tiene tiempo. – 8. Jacinto saldrá de Cádiz a las cuatro y llegará a Sevilla a las seis de la tarde. Hará el viaje en dos horas. – 9. Tendré que llevar el coche al garaje antes de las siete porque después ya habrán cerrado. – 10. No podré llegar a tiempo porque tengo (tendré) que pasar por casa de un amigo.

9. Ordena las frases:

1. No la he visto desde el día en el que celebramos su cumpleaños.
2. Nuria y Teresa se sentaron en la terraza de un bar para tomar un café.
3. Estuvieron en las tabernas de Santiago. En ellas bebieron Ribeiro.
4. Muchos gallegos tienen que emigrar porque en Galicia no encuentran trabajo.
5. En Galicia no hace mucho sol. Esto se nota en los vinos.
6. Cuando Jorge toca la gaita, sus amigos tienen que salir a pasear.
7. Ramón tiene una guitarra, pero no la toca muy bien.
8. Teresa quiere ir a Ourense para visitar a unos amigos.
9. Nuria estuvo en Galicia y probó el Ribeiro y las empanadas.
10. Se colocaron en la salida de la ciudad y tuvieron que esperar más de tres horas.

10. Traducción:

1. En las tabernas de Santiago de Compostela se puede comer empanadas y beber Ribeiro.
2. Cuando Maite toca piano, tenemos que salir de casa.
3. Estuve en Lugo hace muchos años.
4. A mí me gusta el pescado.
5. La semana pasada recibí una carta de tu hermana.
6. Para mí, la costa gallega es la costa más bonita de España.
7. Se quedó una semana en Toledo, después fue a Ávila.
8. Hace un mes celebramos el cumpleaños de mi padre.
9. No pudimos ir juntos a Ourense porque mi mujer se puso enferma.
10. Muchos habitantes de Galicia tienen que abandonar el país porque no pueden encontrar trabajo en Galicia.
11. Quise ir a Pontevedra en auto-stop, pero no tuve suerte. Me vi obligado a esperar cinco horas en la carretera.
12. Ya hace cinco años que Juan no ha visto a su amigo Roberto.

16.4 Galicia

1. Preguntas sobre el texto:

1. Galicia está en el noroeste de la Península Ibérica, al norte de Portugal.
2. Santiago de Compostela es la capital de Galicia.
3. Los gallegos viven principalmente de la agricultura y de la pesca.
4. La tradición religiosa gallega dice que los restos mortales del Apóstol Santiago reposan en una tumba en la Catedral de Santiago.
5. El «Camino de Santiago» es la ruta que siguen los peregrinos que van a Santiago de Compostela. Allí desean visitar la tumba del Apóstol que da nombre a ese camino de peregrinaje.
6. En Galicia se hablan dos lenguas: el gallego y el castellano.
7. El gallego está muy emparentado con el portugués.
8. Muchos gallegos consideraron hasta hace poco tiempo el gallego como una lengua de incultos. Además estuvo prohibida durante la dictadura de Franco.

10. Ciudades importantes de Galicia son: la capital de la Comunidad Autónoma: Santiago de Compostela, y las capitales de las cuatro provincias gallegas: A Coruña, Lugo, Ourense y Pontevedra.

Lección diecisiete

17.3 Ejercicios

1. Preguntas sobre el texto:

1. No, Pablo no vivía en una ciudad, vivía en un pueblo de la provincia de Huesca. – 2. Su pueblo no estaba muy cerca de la capital, estaba a casi cuarenta kilómetros de ella. – 3. En su pueblo únicamente tenían coche el médico y algunos ricos. – 4. Tenían que ir al pueblo vecino porque por su localidad no pasaba el autobús. – 5. Iban a pie o en mula. – 6. Un tío de Pablo tenía una furgoneta. – 7. Su tío era tendero. – 8. Los llevaba a la ciudad cuando había ferias o fiestas. – 9. La vida era muy diferente a la de nuestros días porque en el pueblo no había televisión, y pocas casas tenían un aparato de radio. – 10. Cuando no tenía escuela, Pablo jugaba con otros niños o ayudaba a su madre. – 11. A Pablo, lo que más le gustaba era ir al campo con su padre. – 12. Su padre no lo llevaba muchas veces al campo porque, cuando lo llevaba, se tenía que ocupar de él y no le dejaba trabajar como él quería. – 13. A veces le pedía la bota. – 14. La bota la dejaban a la sombra, a la orilla del río. – 15. Paraba de trabajar hacia las seis de la tarde. – 16. Después de parar de trabajar, se sentaban a la orilla del arroyo y merendaban. – 17. No, su padre era una persona muy retraída. – 18. Volvían al pueblo alrededor de las siete de la tarde. – 19. Cuando llegaban a casa, daban de comer a las caballerías. – 20. No, Pablo jugaba un poco con su hermano pequeño. – 21. Su padre se sentaba junto al fuego y se echaba de vez en cuando un trago del porrón.

2. Completa las frases y fundamenta el empleo del tiempo elegido:

1 ¿Cuánto tiempo estuviste en Francia? – 2. Llegué a casa después de las dos de la noche. – 3. Su hermano vivió tres años en París. – 4. Pagué más de diez euros por esta novela. – 5. Ayer pasamos por casa de Juan. – 6. Colón descubrió América en 1492. – 7. La semana pasada hablé por teléfono con Marisa. Me preguntó si aún estabas en Madrid. – 8. El domingo volví a casa a la una de la mañana. Mi padre me esperaba viendo la televisión. Mi madre ya estaba en la cama. – 9. El verano pasado fuimos de vacaciones a Galicia. Estuvimos dos días en Santiago y después pasamos una semana en la playa. – 10. Cuando era pequeño, no teníamos televisión. Los domingos por la tarde iba a casa de un tío rico y veía con mis primos los programas infantiles. – 11. Aquel sábado Pilar no fue al cine con Jaime porque los señores Hernández, que vivían en el quinto piso de su casa, tenían que salir y Pilar quería ganarse algunos euros cuidando a los niños de sus vecinos. – 12. Ayer Katrin salió para el trabajo a las siete de la mañana y volvió a las cuatro de la tarde. A las cinco de la tarde tomó el autobús para dar una vuelta por la ciudad y se encontró con Pilar. Las dos amigas se pasearon dos horas por la ciudad y antes de volver a casa, entraron en un bar para tomar un refresco porque hacía mucho calor. – 13. El martes fui al centro de la ciudad porque tenía que comprar unos libros. – 14. No te vine a ver porque no tuve (tenía) tiempo.

3. Pon un poco de orden:

1. El pueblo en el que yo vivía, cuando era niño, estaba a unos 40 kilómetros de la ciudad más próxima.
2. Cuando teníamos que ir a la ciudad, nos llevaba un tendero en su furgoneta, porque por mi pueblo no pasaba ningún autobús.
3. A mí, me gustaba mucho ir con mi padre al campo en los días que no teníamos escuela.
4. A las seis de la tarde, íbamos a merendar a la orilla del arroyo. Mi padre tenía allí la bota.
5. Después de cenar me entretenía con mi hermano, que era más pequeño que yo.

4. La señora Enriqueta

La señora Enriqueta hacía cada día lo mismo. Se levantaba a las siete. Después de lavarse, se tomaba un café con leche y salía para oír misa. Iba a pie porque la iglesia no estaba muy lejos de su casa. En la iglesia no había más de seis o siete personas. Siempre eran las mismas. La misa duraba escasamente media hora.

Cuando salía de la iglesia, iba a comprar lo que necesitaba para el día, no era demasiado, pues era una persona bastante austera. No tenía mucho dinero, pero lo administraba tan bien que nadie la tenía por una mujer necesitada.

Por la tarde se reunía a veces con algunas amigas de su misma edad. Jugaban al dominó y entre traguito y traguito de anís comentaban los últimos acontecimientos que habían tenido lugar en el barrio. Así, monótonamente, pasaban los días, los meses, los años, la vida.

5. ¿Si o cuando?

1. Si quieres que te ayude, tienes que decírmelo.
2. Cuando hace buen tiempo, damos un paseo.
   Si hace buen tiempo, damos un paseo.
3. Si viene puntual, podremos terminar el trabajo antes de cenar.
4. Cuando llegues, puedes llamarme por teléfono.
5. Si lees más lentamente, entenderemos lo que dices.
6. Cuando no encuentran trabajo, emigran a las zonas industrializadas del norte.
   Si no encuentran trabajo, emigran a las zonas industrializadas del norte.
7. Si vas al centro de la ciudad, puedes traerme el ABC.
   (Cuando vayas al centro de la ciudad, puedes traerme el ABC.)
8. Cuando salió de casa, se olvidó de cerrar la puerta.
9. Si no entiende español, no le podré explicar dónde está el museo.
10. Cuando salió del trabajo, se encontró con un amigo.
11. Si tienes el libro, me lo puedes prestar.
12. Cuando volvamos de vacaciones, compraremos un nuevo coche.
13. Cuando los Gómez tienen que hacer una visita, llaman a Pilar.
14. Juan me ha preguntado si podía pasar por su casa.
15. Cuando era pequeño, en mi pueblo sólo había dos coches.

6. Transforma las frases empleando el gerundio:

1. Maite está en casa escuchando música.
2. Se entretiene jugando con su hermano.
3. Vuelven a casa cantando.
4. Ayuda a su madre dando de comer a los animales.
5. Pasan la tarde viendo la televisión.
6. Va a buscar la bota corriendo.
7. Volvéis a casa caminando por una senda.
8. Da la bota a su padre esperando las gracias.
9. Te pasas las mañanas leyendo.
10. Nos pasamos la tarde durmiendo.
11. Cenan oyendo la radio.
12. Espero el autobús leyendo el periódico.
13. Se conocieron estando en Madrid.
14. Está en la habitación estudiando español.

7. Pon el texto en el pasado:

Era domingo y era la una del mediodía. Ana y Malena, su amiga de la universidad, estaban en un bar de Tirso de Molina, habían tomado ya un café y habían hablado sobre sus nuevos amoríos y sobre las clases en la universidad.

Ana invitó a Malena a comer en casa de su familia, todavía vivía con ellos y no parecía que tenía prisa en independizarse. La familia de Ana era una familia trabajadora, sencilla y humilde. Sus padres habían nacido los dos en un pueblecito cerca de

Segovia en el que ya apenas quedaban/quedaron habitantes, pero ya hacía muchos años que ellos vivían en Madrid, donde el padre trabajaba. La madre desde que había tenido a sus tres hijos no había vuelto a encontrar trabajo, era ama de casa y se encargaba de todas las labores del hogar: fregar, limpiar, ir a comprar, cocinar, cuidar a los hijos, etc.

Los dos hermanos pequeños de Ana todavía estaban haciendo la ESO.

A la una y cuarto tomaron Ana y Malena el metro, veinte minutos más tarde ya estuvieron en casa de la familia de Ana. La madre de Ana había preparado una paella con pollo magnífica. Antes de comenzar a comer, hablaron del pueblo, donde todavía tenían una casa a la que iban de vacaciones en verano y algún que otro fin de semana. A las dos, llamaron a la puerta. La madre de Ana abrió la puerta. Era el padre que volvía de dar un paseo por el Rastro de Madrid, le encantaba comprar antigüedades y objetos viejos en general. La hija y la amiga le saludaron y el padre se alegró de verlas. A las dos y media ya estaban comiendo. Siguieron la conversación hablando de los hermanos menores de Ana y de lo rebeldes que eran. Parecía que en el instituto no les iba especialmente bien.

Después de la comida, se sentaron todos en los sofás del salón y, mientras tomaban café, veían la televisión. Entonces empezó de repente una pelea entre la madre y el padre a causa de los objetos que este último había traído del Rastro. La casa ya estaba llena y la madre se enfadó mucho por el baúl que el padre había comprado con la intención de restaurar y llevarlo a la casa del pueblo.

Un poco más tarde, Malena se despidió y se marchó a su casa. Ella sí vivía sola, en una casa que alquilaba en Tirso de Molina.

17.4 Caravanas de mujeres...

1. Cuestiones sobre el texto:

1. Las razones principales fueron el boom económico y la necesidad de mano de obra en las ciudades. Por eso, muchos campesinos abandonaron los pueblos y se fueron a las ciudades. – 2. Para parar el despoblamiento de las zonas rurales, introdujeron varias iniciativas, como por ejemplo el alquiler de casas a precios muy bajos. Además, se ofrecen puestos de trabajo y la acogida de familias inmigrantes. Otra medida que adoptaron es la Caravana de Mujeres. – 3. La idea de la caravana surgió con la película estadounidense «Westward de Women» de 1951. – 4. Hicieron una versión española que se llama «Flores de otro mundo».

17.5 Expresiones útiles: Internet

Completa las frases con el vocabulario anterior.

1. La red me va muy lenta, creo que la idea de conectarse a la banda ancha / al güifi del vecino no funciona muy bien.

2. Voy a guglear los precios de los portátiles nuevos para ver cuál es el más barato.
3. Miro mi correo un momento y me desconecto.
4. Muchos profesores ven en las TICs el futuro de la educación.
5. Estar siempre online no es bueno para la salud.
6. Guglear a las personas no es moral, pero muchas empresas lo hacen con sus empleados.
7. La blogosfera es el conjunto de blogs que hay en Internet.

Lección dieciocho

18.3 Ejercicios

1. Forma y traduce con la ayuda del diccionario los contrarios de las siguientes palabras:

des-/afortunadamente	contra / a favor de	mejor/peor
apoyar/impugnar	derecha/izquierda	organización/desorganización
aprovechar/desaprovechar	después/antes	prohibir/permitir
burguesía/proletariado	destruir/construir	separar/unir
comenzar/terminar	división/unión	siempre/nunca
conservador/progresista	evitar/favorecer	superioridad/inferioridad
conservar/destruir	mayor/menor	victoria/derrota

2. Transforma las frases según el modelo:

1. María me dijo ayer que mañana habría poca gente en el mercado.
2. En la televisión dijeron ayer que el próximo fin de semana haría mucho calor.
3. Carlos dijo que tomaríamos/tomarían el tren de las once.
4. Pilar me aseguró que la película os/nos gustaría.
5. Su hermano dijo que María vendría esta tarde.
6. El mecánico me había dicho que repararían el coche antes de las ocho.
7. Roberto dijo que cogeríamos/cogerían el tren de las siete.
8. Anita me dijo que nos llamaría antes de salir.
9. Ángel me dijo que saldríamos/saldrían después de comer.
10. Roberto había dicho que vendría a eso de las ocho.
11. Magda nos dijo que no podrían acompañarnos.
12. Rebeca me aseguró que pensaría en nosotros.

3. Pon las palabras en su lugar:

1. La conspiración de derechas se formó poco después de las elecciones de 1936.
2. La mayor parte de los Gobiernos extranjeros declararon que no intervendrían en el conflicto español.
3. Los nacionales eran de tendencia conservadora y querían evitar el desencadena-

miento de un movimiento revolucionario popular.

4. Los mandos del bando nacional estaban mejor preparados que los del bando rojo.
5. Hitler bombardeó Guernica para probar sus métodos estratégicos en la destrucción de ciudades.
6. Durante la dictadura de Franco no había partidos políticos porque él los había prohibido.
7. Algunos intelectuales españoles tuvieron que salir de España para salvaguardar su libertad.
8. La dictadura que Franco instauró después de la guerra duró casi 40 años.
9. Disidentes alemanes e italianos se trasladaron a España para apoyar a los republicanos.
10. España entró en la Comunidad Europea en el año 1986.

4. Define con la ayuda del diccionario cuatro de los siguientes términos:

anarquismo: doctrina política que propugna la absoluta libertad del individuo, la desaparición del Estado y de la propiedad privada y la implantación de una sociedad en la que toda relación proceda de mutuos acuerdos tomados libremente.

antagonismo: rivalidad, oposición especialmente en opiniones y doctrinas.

burguesía: clase social compuesta por empresarios, comerciantes, banqueros etc. Lo que caracteriza a la burguesía según el comunismo son dos elementos:
- ser propietaria de los medios de producción
- vivir de lo que producen otros.

Comunidad Europea: Organismo europeo formado por Bélgica, Países Bajos, Luxemburgo, Francia, República Federal de Alemania, Italia, Reino Unido, Irlanda, Dinamarca, Grecia, España y Portugal. La Comunidad Económica Europea, conocida también como Mercado Común tuvo su origen en el Tratado de Roma, firmado el 25 de marzo de 1957 por los seis primeros países, a los que se unieron en 1973 Dinamarca, Reino Unido e Irlanda, en 1981 Grecia y en 1986 España y Portugal. Su finalidad era crear un mercado común entre los países miembros, fomentar el desarrollo armónico de sus estructuras económicas y aumentar el nivel de vida de sus habitantes. En 1968 se implantó la unión aduanera, que facilita el tránsito de mercancías, capitales y personas; en el terreno fiscal, se impuso el IVA, impuesto sobre el valor añadido; en el monetario se creó el ECU (hoy Euro), unidad de cuenta europea (1979); en el de las comunicaciones la red Euronet (1980). Políticamente se ha llegado a la elección directa de diputados para el Parlamento Europeo de Estrasburgo (1979), si bien los poderes reales de esta cámara son muy escasos, por lo que existe desde 1983 un anteproyecto para otorgarle poder legislativo. Los auténticos centros de decisión de la Comunidad Europea son la Comisión encargada de los asuntos reglamentarios, y el Consejo, integrado por un ministro de cada país, en el que reside el poder ejecutivo. En 1992 la Comunidad suscribió un acuerdo con la EFTA (Austria, Suiza, Noruega, Suecia, Finlandia, Islandia y Lichtenstein) para la creación de un mercado único europeo en el ámbito de la Europa occidental. Con el Tratado de Maastricht se cambió el nombre en Comunidad Europea. Y en 2009, con el Tratado de Lisboa, se disolvió enteramente para hacer sitio a la Unión Europea.

comunismo: doctrina política y económica partidaria de la desaparición de la propiedad privada y de la posesión colectiva de los bienes sociales.

conspiración: unión de ciudadanos para derogar un orden social o político establecido.

Constitución: ley fundamental de la organización de un Estado.

dictadura: gobierno de un político o pensador que asume el poder y lo ejerce al margen de la Constitución o sin ningún tipo de control.

disidente: persona que no está de acuerdo y que lucha contra el sistema político de la nación en la que vive.

estrategia: técnica de proyectar, dirigir y llevar a cabo las operaciones militares.

exilio: abandono de la patria por motivos principalmente políticos.

Frente Popular: coalición política de partidos de izquierda y sindicatos obreros, constituida con fines electorales en España (1936) donde alcanzó la presidencia con Manuel Azaña.

guerra civil: guerra que tiene lugar entre los habitantes de un mismo pueblo o una nación.

monarquía: sistema de gobierno en el que la jefatura del estado corresponde, con carácter vitalicio, a un rey o príncipe que ha sido designado generalmente según un orden hereditario. En las actuales monarquías parlamentarias, como las que existen en el Reino Unido, Suecia, España y otras, la soberanía reside en el pueblo, el Gobierno es sólo responsable ante el Parlamento y el Monarca ejerce funciones de árbitro moderador.

política anticlerical: actitud política que se opone a la intervención de la Iglesia en los asuntos del Estado. El anticlericalismo defiende la separación completa de ambos poderes.

proletariado: clase social surgida a lo largo del siglo XVIII y formada por personas que no poseen los medios de producción y que sólo pueden ofrecer su fuerza de trabajo a cambio de un salario.

república: forma de gobierno representativa en la que el poder del jefe de Estado o presidente procede de todos o parte de los ciudadanos.

sindicato: asociación de trabajadores formada con el fin de promover y desarrollar la defensa de los intereses económicos y profesionales de sus asociados.

5. Preguntas sobre el texto:

1. El Frente Popular ganó en las elecciones que tuvieron lugar en España en el año 1936. – 2. Las derechas conspiraron contra el nuevo Gobierno que había sido elegido democráticamente. – 3. La burguesía y el ejército no estaban de acuerdo con la política de la Segunda República porque creían que ésta tenía fines anticlericales y revolucionarios. – 4. La Guerra Civil española comenzó el 18 de Julio de 1936. – 5. Los «rojos» eran los partidarios del Gobierno republicano. – 6. Las regiones que

al principio de la guerra pertenecían a la zona nacional eran: Galicia, una buena parte de la actual Castilla y León y Navarra. – 7. Los nacionales recibieron apoyo de Benito Mussolini y de Adolf Hitler. – 8. Los republicanos recibieron apoyo de Rusia y Méjico. – 9. La Guerra Civil española duró tres años. – 10. Los principales factores que explican la superioridad del bando franquista son tres: su ejército estaba estratégicamente mejor preparado; los nacionales eran mucho más disciplinados que los republicanos y tenían más experiencia militar; la ayuda del extranjero fue mucho más eficaz que la que recibieron los «rojos». – 11. La Guerra Civil española ofreció a Hitler la oportunidad de experimentar en el territorio español sus bombas destinadas a la destrucción de ciudades. – 12. Tres son las causas que explican la inferioridad militar de los rojos: la falta de organización; los enfrentamientos internos entre anarquistas y comunistas; la falta de apoyo real por parte de sus aliados. – 13. La Guerra Civil española terminó en el mes de abril de 1939. – 14. Después de la Guerra Civil se estableció un régimen dictatorial. – 15. Los principales instrumentos de represión de los que se sirvió la dictadura fueron: supresión de los partidos políticos; prohibición de todo tipo de actividades sindicales; anulación de la libertad de expresión y reunión; opresión de las tendencias nacionalistas. – 16. Algunos españoles lograron conservar su libertad huyendo al extranjero. – 17. La dictadura acabó con la muerte de Franco en 1975. – 18. Los datos más importantes en la evolución política tras la dictadura son: el nombramiento de Juan Carlos I. como rey de España en 1975; la promulgación de la Constitución en 1978; la entrada de España en la entonces Comunidad Económica Europea en el año 1986. – 19. Juan Carlos I. es el rey de España ... (ver: 18, 9.) – 20. España entró en la Comunidad Económica Europea en el año 1986.

6. ¿Muy o mucho?

1. La dictadura franquista fue muy dura y se extendió durante mucho tiempo. – 2. Nuestro profesor de español habla mucho y muy deprisa. – 3. Los mandos militares del ejército franquista estaban muy bien preparados y tomaron muchas veces la iniciativa. – 4. No tardan mucho en aprender a leer correctamente. – 5. Tiene muchos compañeros, pero los conoce muy poco. – 6. Los nacionales recibieron mucho apoyo de la dictadura italiana. – 7. No se interesan mucho por este tipo de problemas. – 8. La dictadura se sirvió de muchos y muy duros instrumentos de represión. – 9. Esta tarde hace muy buen tiempo. – 10. Este señor ha pasado mucho tiempo fuera de España. – 11. Don Roberto es una persona muy amable. – 12. Pascual no tiene muchas amigas.

7. Traducción. Apuntes biográficos sobre Robert Capa

Der Geburtsname Capas war Endre Friedmann, seine Nationalität ungarisch und seine Familie jüdisch. Das Leben Capas war ein wahres Abenteuer. 1913 wurde er in Budapest geboren und mit 18 Jahren musste er Hungarn aus politischen Gründen verlassen. Er reiste nach Berlin, zuerst um dort Politikwissenschaften zu studieren, aber bald musste er sich aus ökonomischen Gründen eine Arbeit suchen; diese fand er als Gehilfe in einem Fotolabor eines ungarischen, auch jüdischen Landsmanns.

So begann seine Karriere, sodass er schon bald seine Fähigkeiten als Reporter beweisen konnte und begann, kleinere Aufgaben für seine Chefs zu erledigen.

1933, als Hitler an die Macht kam, musste Endre Deutschland verlassen, ein keineswegs empfehlenswerter Ort in diesem Moment für einen jungen Mann wie ihm: Jude, Ungar und links.

Er lebte in Wien, Budapest und zog später nach Paris, wo er seine geliebte Gerda Taro (auch ein künstlerischer Pseudonym), mit der er die Leidenschaft und Arbeit an der Fotografie teilte, kennenlernte.

1936 änderte Endre seinen Namen in den Capas. Unter diesem Pseudonym begann er, seinen großen Ruhm als Reporter zu erlangen. Als im selben Jahr der Spanische Bürgerkrieg ausbrach, gingen Capa und seine Freundin Taro mutig nach Spanien, um als Bildreporter die schrecklichen Ereignisse zu dokumentieren. Taro und er schossen unvergessene und sehr berühmte Bilder vom Krieg. Leider starb sie, als sie von einem Panzer erfasst wurde, und ihm gelang es nie, diesen emotionalen Verlust zu verwinden.

Capa starb 1954 bei der Arbeit: er trat während des Französischen Indochinakriegs auf eine Landmine. Er war 41 Jahre alt und wurde bereits als «der größte Kriegsreporter aller Zeiten» angesehen.

Einer seiner Leitsprüche war: «Wenn es kein gutes Foto ist, warst du nicht nah genug dran.»

Preguntas sobre el texto:

1. Un seudónimo es un nombre artístico elegido por la persona que lo lleva. Un apodo es un nombre que te contribyen los demás, o para burlarse o de manera cariñosa. – 2. Era creativo, valiente, apasionado, aventurero, idealista etc. – 3. Nunca pudo superar la muerte de su novia, Gerda Taro. – 4. Es famoso por sus fotografías de guerra.

8. Sola en la estación de metro:

Ana tenía 16 años y vivía en Madrid, en un piso que no estaba lejos de la estación de metro «Moncloa». Había estado enferma un par de días y quería llamar por teléfono a su amiga Salas para saber los deberes que les habían puesto. Como el teléfono de sus padres no funcionaba desde hacía un par de días fue a un bar. A Ana no le gustaba llamar por teléfono en los bares, pero ... Cuando entró en el bar, se dio cuenta de que el teléfono estaba ocupado. Esperó cinco, diez minutos y al final se decidió a ir a la estación de metro. Eran las ocho menos cuarto y por la calle había muy poca gente. En la estación de metro encontró una cabina vacía. Marcó el número de Salas y comenzó a hablar con ella. Su amiga le dijo los deberes que les habían puesto y continuaron hablando. De pronto Ana oyó un ruido. Junto a la cabina telefónica había un tipo raro que no dejaba de mirarla. ¿Qué podía querer? ...

9. Pon los acentos donde haga falta:

Don Juan Carlos de Borbón

Don Juan Carlos de Borbón, rey de España con el nombre de Juan Carlos I, es hijo de don Juan de Borbón y doña María de las Mercedes, condes de Barcelona. Su padre era hijo y heredero de Alfonso XIII, el último rey español antes de la dictadura.

El conde de Barcelona no era el hijo mayor de Alfonso XIII. Esta condición recaía en el príncipe Alfonso, que murió, y luego en el príncipe Jaime, a quien por orden sucesorio debía corresponder la condición de heredero. Su sordomudez y su matrimonio le llevaron a ser excluido de la línea sucesoria por renuncia expresa e incapacidad física.

Don Juan Carlos nació en Roma. Pasó los primeros años de su infancia en Estoril (Portugal), sede del exilio de su familia. Después regresó a España para educarse y prepararse para asumir sus responsabilidades históricas. Hoy es el rey amado por su pueblo y admirado en todo el mundo por haber impulsado el proceso de democratización en España.

10. Temas de redacción

1. Franco

Francisco Franco Bahamonde nació en el Ferrol (La Coruña) en el año 1892 y murió en Madrid en el año 1975. Una brillante carrera militar le permitió alcanzar el grado de general a edad temprana. Fue director de la Academia Militar de Zaragoza hasta que la República la clausuró en el año 1931. En el año 1935 Gil Robles, Ministro de la Guerra, lo nombró jefe del Estado Mayor. En 1936 recibió el mando de la región militar de Canarias, desde donde se sumó al golpe militar del 18 de Julio de 1936. El uno de octubre fue nombrado (¿¡se nombró?!) generalísimo de los ejércitos y jefe del Estado y en 1937 jefe del partido único FET (Falange Española Tradicionalista) y de La JONS (Juntas de Ofensiva Nacional Sindicalista), tras la unificación forzada de falangistas y carlistas.

Después de vencer en la Guerra Civil, mantuvo la triple jefatura del Ejército, Gobierno y Estado, e instauró un régimen dictatorial personalista que perduró hasta su muerte (a este régimen se la ha dado el nombre de «franquismo»). En 1969, en virtud de la ley de Sucesión de 1947, que declaraba reino a España, nombró sucesor al príncipe Juan Carlos de Borbón, nieto de Alfonso XIII. En 1973 cedió la presidencia del gobierno al Almirante Carrero Blanco, quien fue asesinado en aquel mismo año por ETA en un atentado.

18.4 El drama de Batuco

1. Escribe los sustantivos que corresponden a los siguientes verbos:

alimentar/alimento	disponer/disposición	poseer/posesión
asegurar/seguro	enriquecerse/enriquecimiento	producir/producción
buscar/búsqueda	exportar /exportación	protestar/protesta
comprar/compra	fabricar/fabricación	trabajar/trabajo

conservar/conservación	ganar/ganancia	vender/venta
contratar/contrato	importar/importación	viajar/viaje
cosechar/cosecha	ofrecer/oferta	vivir/vida
cultivar/cultivo	poblar/población	volver/vuelta

2. Preguntas sobre el texto:

1. Batuco se encuentra en Chile.
2. La capital de Chile es Santiago de Chile.
3. De Batuco a Santiago de Chile hay unos veinticinco kilómetros.
4. Los habitantes de Batuco viven sobre todo de la agricultura.
5. En los campos de Batuco se cultivan cebollas, tomates, verduras, porotos y algo de fruta.
6. Batuco exporta las cebollas a Europa y a Norteamérica.
7. El kilo de porotos es más caro en Batuco que en Santiago porque los porotos se envían a Santiago y luego se reimportan a Batuco.
8. Los propietarios de las tierras de Batuco son las empresas exportadoras.
9. Muchos obreros de Batuco solamente trabajan en la época de la recolección.
10. Cuando termina la época de la cosecha tienen que buscar ocupación fuera de la agricultura.
11. Algunos encuentran trabajo en la construcción.
12. Los que trabajan en las obras no pueden protestar porque, si protestan, arriesgan perder el trabajo.
13. Los que se enriquecen con los productos producidos en Batuco son los propietarios de las empresas exportadoras.
14. El autor dice que Batuco no es un caso único, porque en países productores de café, cacao, plátanos ... sucede idénticamente lo mismo.

Lección diecinueve

19.3 Ejercicios

1. Preguntas sobre el texto:

1. Gilanco era un indio muy fuerte. – 2. Gilanco no se cansaba de correr porque tenía unas piernas muy vigorosas. – 3. Los indios de su tribu lo admiraban porque era un excelente cazador. – 4. Gilanco, cuando quería distraerse, se iba a las montañas. – 5. Gilanco mataba a todos los animales que encontraba. – 6. Yastay es el dios que protege a los animales. – 7. Yastay no estaba de acuerdo con la conducta de Gilanco porque el indio no mataba para comer, sino por el placer que le producía destruir la vida de los animales. – 8. Un día, antes de acostarse a dormir la siesta, había matado a una familia entera de guanacos. – 9. Fue el mismo Yastay quien interrumpió su siesta. – 10. Yastay le dijo que él y Pachamama no estaban de acuerdo con lo

que hacía y que si continuaba matando, recibiría un terrible castigo de Pachamama. También le dijo que sería mejor que empleara sus cualidades para el bien de sus gentes. – 11. Gilanco no hizo caso de lo que le dijo Yastay y continuó matando animales. – 12. Gilanco quería matar una cría de guanaco. – 13. Pachamama le dijo que se le había dado una oportunidad para mudar de conducta, pero que no la había aprovechado. – 14. Gilanco no veía a Pachamama porque grandes nubarrones de polvo se lo impedían. – 15. Los amigos de Gilanco se escondieron. – 16. Pachamama convirtió a Gilanco en el viento Zonda.

2. Pon en el presente:

1. Gilanco es el indio más fuerte de toda su tribu y sabe disparar las flechas sin fallar jamás. Los dioses han sido muy generosos con él. – 2. Cuando sale de caza, mata a todos los animales que salen a su paso. Eso no puede consentirlo Yastay. – 3. Yastay está muy disgustado con el comportamiento de Gilanco porque éste no mata a los animales para alimentarse, sino por el placer que le produce destruir. – 4. El cruel Gilanco tiene miedo cuando Yastay se le aparece. – 5. Yastay le dice que si continúa matando a los animales, recibirá un terrible castigo de Pachamama. – 6. Gilanco se queda muy preocupado porque sabe que los castigos de Pachamama son muy duros. – 7. Un día, cuando ya ha lanzado una flecha para matar una cría de guanaco, oye una voz atronadora que le dice que, como no ha cambiado de conducta y sigue matando a los animales, va a recibir un terrible castigo. – 8. Pachamama convierte a Gilanco en el viento Zonda, un viento muy caliente que a veces se convierte en huracán y arrasa todo a su paso.

3. Completa las frases:

1. En este barrio quieren construir una nueva escuela. – 2. El clima influye mucho en las costumbres y tradiciones de las regiones. – 3. Las clases comienzan a las ocho de la mañana y terminan a la una y cuarto de la tarde. – 4. La aviación alemana destruyó Guernica en muy pocas horas. – 5. Nuestra escuela cuenta con más de setecientos alumnos. – 6. Mi hermana me dice/dijo que mañana no podrá/podría ir a tu casa. – 7. El profesor distribuye los libros entre los alumnos. – 8. Yo no hago la comida, la comida la hace mi madre. – 9. Si tienes tiempo, puedes acompañarnos. – 10. Casi no conozco a su hermano, porque él huye de las personas. – 11. El camarero dice que los cafés cuestan dos euros. – 12. Hoy no salgo, porque no tengo tiempo. – 13. Te agradezco mucho tu visita. – 14. Ella dice que sueña todas las noches. – 15. Los ladrones entraron en el banco y huyeron con doscientos mil euros. – 16. Cuando los animales divisan a Gilanco, huyen de él. – 17. Yo no oigo lo que dices.

4. Traducción. ¿Poder o saber?

1. Todavía no sabe conducir. – 2. No puede conducir porque ha bebido mucho. – 3. ¿Puedes darme ese libro? – 4. ¿Sabes hacer esta traducción? – 5. Sabe contar muchas historias. – 6. ¿Cuándo puede usted venir a Zaragoza? – 7. ¿Sabe usted bailar? – 8. No andéis tan deprisa. No os podemos seguir. – 9. ¿En qué puedo ayudarle? – 10. Sabe

hablar bien español. – 11. No podemos dormir. Hacen demasiado ruido. – 12. No puede venir porque tiene mucho que hacer. – 13. ¿Sabes ir en bicicleta?

5. Transforma las frases empleando el gerundio:

1. Gilanco continúa matando a los animales. – 2. Estuvo trabajando en Francia tres meses. – 3. Cuando Pedro llegó, estábamos cenando. – 4. Su hermana continúa viviendo en Madrid y sigue viniendo todos los veranos a su pueblo a pasar las vacaciones. – 5. Continúa saliendo todas las noches. – 6. Gilanco corre por el bosque matando a los animales. – 7. Sigue teniendo aquel coche que se compró hace doce años. – 8. Continúa fumando. – 9. Continúa trabajando para la misma empresa. – 10. Cuando llegué, Martín estaba escribiendo una carta. – 11. Se pasa la mañana durmiendo. – 12. Continúa trabajando con su padre. – 13. Se conocieron estando en París. – 14. Se queda en su casa viendo la televisión. – 15. El avión está aterrizando. – 16. La madre está en la cocina preparando la mesa.

6. Repaso del subjuntivo:

1. Pachamama no quiere que Gilanco maltrate a los animales. – 2. Espero que no lleguéis tarde. – 3. Me pide que vaya a su casa y le ayude a hacer los deberes. – 4. Jacinto quiere pasar tres días en Madrid. – 5. ¿Me permite que le haga una pregunta? – 6. Su hermano dice que tiene mucho que hacer y que no puede acompañarnos. – 7. Yastay exige que Gilanco respete la vida de los animales. – 8. Te deseo que tengas un buen viaje y que pases unas buenas vacaciones. – 9. Su padre no les permite que vuelvan después de las doce de la noche. – 10. Nuestro profesor dice que estudiemos bien las formas del subjuntivo y que aprendamos los textos de la lección once. – 11. Le recomiendan que coma menos, que vea menos televisión y que haga más deporte. – 12. Dile que pase por aquí antes del sábado.

7. Pon un poco de orden:

1. Gilanco era un indio muy robusto y tenía una gran habilidad para disparar flechas.
2. Cuando Gilanco se aproximaba a los animales, éstos huían porque sabían que el indígena podía ser muy cruel con ellos.
3. Yastay no estaba de acuerdo con la conducta de Gilanco porque sabía que el indio no cazaba a los animales para satisfacer su hambre, sino simplemente por el placer de matar.
4. Yastay (le) dijo a Gilanco que, si seguía matando a los animales, Pachamama lo castigaría de una forma muy dura.
5. Gilanco no hizo caso a la amenaza de Yastay y continuó exterminando a los animales.

8. Redacción:

1. Gilanco era un indio muy robusto y un diestro cazador. Cuando salía de caza, exterminaba a todos los animales que salían a su paso. Yastay, el dios protector

de los animales, no estaba de acuerdo con el proceder de Gilanco y le advirtió que, si continuaba sacrificando a los animales, recibiría un terrible castigo de Pachamama. Gilanco no hizo mucho caso de la amenaza del dios protector de los animales y continuó destruyendo la vida en la naturaleza. Pachamama castigó la brutalidad de Gilanco convirtiéndolo en el viento Zonda.

2. Yastay no podía tolerar el comportamiento de Gilanco y, un día, se le apareció para hacerle saber que ni él ni Pachamama estaban de acuerdo con su actividad destructora. Le pidió que cesara de matar y que empleara sus destrezas en favor de su tribu. También lo previno de que, si no dejaba de matar a los animales, recibiría un duro castigo de Pachamama.
   Pachamama constató que, a pesar del aviso de Yastay, Gilanco no había modificado su conducta. Cuando Gilanco estaba a punto de exterminar a una cría de guanaco, oyó la voz de Pachamama que le dijo que, como no había aprovechado la oportunidad que se le había dado, iba a ser duramente castigado.

9. ¿Imperfecto, pluscuamperfecto o indefinido?

1. Era un domingo por la mañana, como de costumbre la señora Allué leía el periódico.
2. Su marido estaba preparando el desayuno en la cocina. Los domingos desayunaban juntos.
3. La señora Allué descubrió un anuncio. «Restaurante el Portillo desde hoy cocina española-griega.» Los señores Allué habían vivido 10 años en Grecia y la señora Allué conocía a la esposa del propietario del restaurante, una griega que ya llevaba muchísimos años en España.
4. De pronto la señora Allué tuvo una idea. Propuso a su marido ir a comer a «el Portillo». Su marido aceptó la invitación.
5. Después del desayuno se pasearon dos horas por el centro de la ciudad. Hacía un tiempo magnífico.
6. A la una y cuarto los señores Allué tomaron un taxi. Unos veinte minutos después ya estaban en el restaurante.
7. Las mesas del restaurante estaban ocupadas. Después de buscar y tomarse un refresco en la barra, pudieron sentarse en una mesa de la terraza que estaba libre.
8. El señor y la señora Allué pidieron al instante un refresco y estaban pensándose el menú que iban a pedir, cuando un camarero se aproximó a su mesa y les preguntó por cuál menú se habían decidido.

19.4 Los aztecas

1. Preguntas sobre el texto:

1. Los aztecas vivían principalmente de la agricultura. – 2. Los principales productos que cultivaban eran el maíz, el frijol y el chile. – 3. La capital del Imperio Azteca era

Tenochtitlán. – 4. Tenochtitlán tenía unos trescientos mil habitantes. – 5. Los productos cultivados se distribuían para alimentar a las propias tribus y lo que sobraba se vendía a las tribus vecinas. – 6. De los trabajos domésticos y la educación de los niños eran responsables las mujeres. – 7. Las tres actividades más importantes de los hombres eran las labores agrícolas, la artesanía y el comercio. – 8. Había tres tipos de propiedad: la propiedad aristócrata, la pública y la comunal. – 9. El verdadero dueño de la propiedad aristócrata era el Estado. – 10. Los que se beneficiaban de los productos de la propiedad aristócrata eran los guerreros. – 11. Los nobles no trabajaban las tierras. Las trabajaban una especie de criados que recibían el nombre de mayeque. – 12. La propiedad pública pertenecía también al Estado. – 13. La propiedad pública era cultivada por todos los miembros de las comunidades. – 14. Las comunidades no se beneficiaban del cultivo de la «propiedad pública» porque con lo que se cosechaba se pagaba el tributo que se debía enviar a la capital. – 15. Las comunidades rurales se alimentaban de lo que cultivaban en las tierras comunales. – 16. Las parcelas que recibían los cabezas de familia no las podían entregar a sus hijos. Cuando el cabeza de familia moría, la parcela que cultivaba pasaba a ser propiedad de la comunidad. – 17. El Tlatloani era el emperador de los aztecas. – 18. Al Tlatloani le incumbía: declarar guerras, legislar y actuar como juez en la aplicación de la legislación.

19.5 Expresiones útiles: siglas internacionales

Completa con las siglas que correspondan.

1. La LOGSE fue una reforma importante en los institutos de educación españoles.
2. Perdone, ¿me puede decir dónde queda la estación de RENFE?
3. En España los sindicatos de trabajadores mayoritarios son la CGT, CCOO y la UGT.
4. Aunque la guerra fría terminó con la caída de muro de Berlín, la OTAN sigue existiendo hoy día.
5. Muchas personas están a favor del «Copyleft» y en contra de la SGAE.
6. En la UE hay actualmente 27 países.
7. La universidad más grande de España es la UNED.

Lección veinte

20.3 Ejercicios

1. Preguntas sobre el texto:

1. No, Eino no es español. Eino es finlandés. – 2. Eino está pasando unos días con Javier y Carmen. – 3. Eino y el joven matrimonio se conocen desde hace mucho tiempo. – 4. Eino sólo va a estar con sus amigos durante el fin de semana, porque el lunes

siguiente tiene que volver a Madrid. – 5. Logroño está en La Rioja, al sur del País Vasco. – 6. Carmen y Javier le quieren preparar una tortilla de patata. Le quieren preparar una tortilla de patata para que coma algo típico de La Rioja. – 7. Eino les pregunta si puede ayudarles y si ya tienen todo lo que necesitan. – 8. Para hacer una tortilla se necesitan huevos, patatas y cebollas. – 9. Para Carmen lo más importante son las cebollas. – 10. Javier piensa que para hacer una tortilla son más importantes los huevos que las cebollas. – 11. Eino no tiene ganas de discutir porque ya tiene un poco de apetito. – 12. Eino les ayuda a pelar las patatas. – 13. Mientras Eino pela las patatas, Javier pone la sartén al fuego. – 14. Las patatas se fríen con bastante aceite. – 15. Antes de cortar las patatas, es necesario limpiarlas. – 16. Las patatas se cortan en trocitos pequeños. – 17. Javier ha pelado las cebollas. – 18. La cebolla hay que ponerla con las patatas. – 19. Hay que ponerla más tarde porque la cebolla se fríe más deprisa que las patatas. – 20. Eino pone la cebolla en la sartén. – 21. En España se fríe normalmente con aceite de oliva. – 22. Al final hay que poner los huevos. – 23. Hay que poner sal para que la tortilla no esté sosa. – 24. Al final hay que darle la vuelta. – 25. Con la tortilla beben vino. – 26. No, es un vino que Javier ha comprado en un pueblo.

2. Transforma las frases en imperativos negativos:

1. No habléis tanto. – 2. No tomes el taxi. – 3. No comiencen antes de las 8 de la mañana. – 4. No pagues los cafés. – 5. No pongáis tanta sal. – 6. No seas tan agresivo. – 7. No diga siempre todo lo que piensa. – 8. No trabajemos tanto. – 9. No vayan a pie. – 10. No pronunciéis tan de prisa. – 11. No comas tanto. – 12. No se queden de pie. – 13. No lo traigas antes del lunes. – 14. No copies de tu vecino. – 15. No me repita siempre lo mismo. – 16. No preguntes al vecino. – 17. No pongáis el tocadiscos tan alto. – 18. No le pidas el coche. – 19. No gastéis tanto dinero. – 20. No me lo digas.

3. Completa las frases:

1. Quiero que me esperéis.
2. Le pediré el dinero cuando vuelva.
3. Deseamos que vuelvan pronto.
4. Os suplico que trabajéis mejor.
5. Te ordeno que me digas toda la verdad.
6. Le han prohibido que salga esta noche.
7. Le ruego que me traiga un café.
8. Os pido que me deis vuestra opinión.
9. Les he dicho que se quiten los zapatos.
10. No tolera nunca que lleguemos tarde.
11. Te aconsejo que trabajes un poco más.
12. Es probable que lleguen esta tarde.
13. Siento mucho que no puedas acompañarnos.
14. Me sorprende mucho que no esté en casa.
15. Espero que los ejercicios no sean muy difíciles.

4. Pon los verbos en las formas convenientes:

1. ¿Por qué te ríes? – 2. ¿Cómo se fríe la carne? – 3. Son unas chicas que siempre sonríen. – 4. ¿Ya me has frito los huevos? – 5. Ayer Pedrito se enojó porque sus amigos se reían de él. – 6. Cuando la miré, me sonrió. – 7. Anoche nos reímos mucho. – 8. ¿Cómo quieres que fría las berenjenas? – 9. No tolero que os riáis de mí. – 10. ¡Sonría, por favor! – 11. Estamos friendo el pescado. – 12. No te puedes reír de tus compañeros. – 13. Cuando se lo he dicho, ha sonreído. – 14. En mi casa comemos poco, pero nos reímos mucho.

5. Forma frases empleando el gerundio:

1. Estudiando mucho, aprobarán el examen. – 2. Yendo al concierto, encontré a Fermín. – 3. Viajando en auto-stop, se conoce mucha gente. – 4. Haciendo teatro, recorren todo el mundo. – 5. Trabajando ella es feliz. – 6. Estando enfermo no puede trabajar. – 7. Bailando disfrutaron mucho. – 8. Leyendo se aprende mucho. – 9. Haciendo deporte, se mantendrá en forma. – 10. Enojándose no se consigue nada. – 11. Hablando resolvemos los problemas.

6. Escribe los sustantivos que corresponden a los siguientes verbos:

beber/bebida	esperar/esperanza	preparar/preparación
colaborar/colaboración	exagerar/exageración	probar/prueba
comenzar/comienzo	intentar/intento	prohibir/prohibición
confiar/confianza	lamentar/lamento	reír/risa
conocer/conocimiento	limpiar/limpieza	rogar/ruego
cortar/corte	mandar / mandato/mando	sentir/sentimiento
demostrar/demostración	necesitar/necesidad	sonreír/sonrisa
desear/deseo	ofrecer/oferta	sorprender/sorpresa
discutir/discusión	opinar/opinión	subir/subida
dudar/duda	ordenar/orden	temer/temor

7. ¿Ser o estar?

1. ¿Me puede decir dónde está la catedral? – 2. Eso no está permitido. – 3. Su hermana está casada con un periodista alemán. – 4. La tortilla ya está en la mesa. – 5. Este es el pueblo en el que estuvimos las últimas vacaciones. – 6. Esta mañana el autobús estaba lleno. – 7. Javier y Carmen conocieron a Eino cuando estuvieron/estaban en Salamanca. – 8. La biblioteca está cerrada por las tardes. – 9. Estos chicos son muy simpáticos, pero hoy están inaguantables. – 10. El padre de Julio estuvo enfermo el mes pasado. – 11. ¿Quién es esta señora? – 12. Roberto no vino porque estaba enfermo. – 13. ¿De dónde es Macario? – Debe ser extremeño. – 14. Esta señora es de Madrid y está de profesora en un pueblo de la provincia de Soria. – 15. Don Roberto es una persona muy amable. – 16. ¿En qué mes estamos? – 17. La tortilla está/es muy buena. – 18. Esta señora es de bastante edad, pero está muy joven. – 19. Pedro estaba ayer bastante nervioso porque no sabía el resultado de los exámenes. – 20. Rosario está enferma desde hace más de un mes.

8. Traduce las frases siguientes:
1. Me alegro de que estés aquí. – 2. No creo que tenga ya 18 años. – 3. Me admira que no haya llegado todavía. – 4. Me alegra que hables tan bien español. – 5. El médico le ha dicho que deje de fumar. – 6. Lamento mucho que haya tenido que esperarme. – 7. Es una lástima que no la haya invitado. – 8. Es mejor que te vayas a casa. – 9. Lamento que no hayas venido. – 10. ¿Me permite que le diga una cosa? – 11. Es posible que aún esté en casa. – 12. Te agradezco que nos hayas ayudado. – 13. No creo que te haya comprendido. – 14. No es probable que venga hoy. – 15. Me alegro de que hayas pensado en nosotros.

20.5 Venezuela

1. Preguntas sobre el texto:
1. El nombre se lo dio el navegador florentino Américo Vespucio. – 2. Le dio el nombre de la ciudad de los canales porque un pequeño poblado que estaba en parte edificado sobre el agua le hizo pensar en Venecia. – 3. El nuevo nombre oficial es «República Bolivariana de Venezuela». – 4. Hugo Chávez es el presidente de Venezuela y tiene muchas «caras»: por un lado es considerado un democratizador revolucionario y salvador de la patria que ha hecho posible el acceso a la educación y la sanidad para los pobres; por otro lado es considerado un militar populista con tendencias dictatoriales. – 5. Es considerado tan polémico porque usa una retórica socialista anticuada para entusiasmar al pueblo. – 6. El principal recurso económico de la nación venezolana es el petróleo. – 7. Venezuela posee materias primas importantes como petróleo, gas natural, hierro, diamantes y cobre pero no se puede decir que es una nación rica porque muchos de sus habitantes no tienen lo necesario para vivir. – 8. Venezuela tiene actualmente graves problemas como el enfrentamiento político con los EE. UU. y la delincuencia.

Lección veintiuno

21.3 Ejercicios

1. Ordena los sinónimos:

muchacho/joven
confusión/caos
empezar/comenzar
racional / lógico/a
importante / decisivo/a
pasear / dar una vuelta
actividad/trabajo
darse cuenta / notar

construir/edificar
perder la vida / morir
examinar/analizar
propuesta/idea
acabar/terminar
recolección/cosecha
destrozado/a / roto/a
población/ciudad

profesión/oficio
tener lugar / ocurrir
visitar / ir a ver
individual/personal
vivir/habitar
comprender/entender
todos los días / diariamente
sencillo/fácil

2. Preguntas sobre el texto:

1. Se produjo un derrumbre de tierra el 5 de agosto de 2010. Por ello, 33 mineros quedaron atrapados en la mina.
2. Esta como otras catástrofes se produce a causa de la falta de medidas de precaución.
3. En el rescate ayudó la NASA, la agencia espacial estadounidense.
4. Dijo que ésta había sido la situación más dura de su vida y que había estado con Dios y con el diablo. Además, pidió que no les trataran a los mineros como artistas. Y por último afirmó que habría que hacer muchos cambios en el mundo laboral en Chile.
5. Se puede criticar que el accidente minero fue celebrado por las medias de manera exagerada que aumentó el sensacionalismo de los teleespectadores.

3. Pon las preposiciones necesarias:

Ricardo, un chico de Burgos, estaba interesado en conocer la vida de los mineros asturianos y fue a pasar una semana a Mieres. Durante su estancia en esta importante ciudad minera asturiana Ricardo conoció a Antonio Flores. Antonio era hijo de un minero, pero no quería ni aprender ni ejercer la profesión de su padre. Su abuelo había muerto en el fondo de un pozo en un accidente laboral y su padre ya hacía tiempo que estaba retirado porque tenía silicosis. Antonio Flores tenía un amigo que trabajaba en una mina de carbón. El amigo de Antonio ofreció a Ricardo la oportunidad de visitar la mina. Ricardo, Antonio y su amigo se encontraron una mañana en la entrada de la mina. Cuando entraron en ella, les dieron casco y botas para protegerse y también ropa interior, porque en el fondo de la mina la ropa interior después de pocas horas se pone casi tan negra como el carbón. Ricardo constató que el trabajo de los mineros es muy duro. A veces tienen que trabajar solos y en algunas partes de la mina, la altura de las galerías no alcanza el metro y medio.

Es cierto que los mineros son muy bien pagados, pero su profesión es muy dura y arriesgada. No es pequeño el número de mineros que tiene que retirarse antes de haber cumplido los cincuenta años porque la silicosis ha destrozado sus pulmones y no pocos de ellos pierden la vida antes de llegar a los sesenta.

4. Emplea los pronombres relativos necesarios:

1. Antonio es un joven asturiano que vive en Mieres.
2. La señora a la que (a la cual) he saludado fue mi profesora de matemáticas.
3. Este es el centro minero en el que (en el cual) trabajaba el padre de Antonio.
4. Es una persona de la que (de la cual) tengo muy buen recuerdo.
5. Quiero ir a un especialista de corazón cuya dirección me dio tu hermana.
6. Lo que acaba de decir no es cierto.
7. Su hermano había muerto en un accidente en el que (en el cual) perdieron la vida tres mineros.
8. Es una región cuyos paisajes me agradan mucho.
9. En la mina se pagaban buenos sueldos lo que atraía a los jóvenes de la región.
10. Llegó un señor que dijo que era amigo de mi hermano.

11. Este es el señor de cuyas hijas te hablé ayer.
12. No te fijes en lo que dice. Mira más bien lo que hace.
13. Su padre estaba enfermo y esta fue la causa por la que (por la cual) tuvo que dejar de trabajar.
14. Era un chico que siempre estaba dispuesto a ayudar.
15. Él no dice siempre lo que piensa.
16. ¿Conoces tú al chico con el que sale Paquita?
17. Este es el motivo por el que no ha querido venir.

5. Emplea las formas convenientes de los verbos que se encuentran entre paréntesis.

a) Escribe las frases en presente donde sea posible.

1. No vamos al fútbol porque la entrada cuesta mucho dinero.
2. Cuando empieza a llover, cierro todas las ventanas.
3. Rosario no lo puede evitar, en la clase de español se duerme cuando el profesor comienza a explicar la gramática.
4. Ella nunca recuerda lo que sueña.
5. (Solamente es posible en pasado a causa de ayer.)
6. ¿Qué piensa usted de este libro? Yo no lo entiendo.
7. (El uso del presente no es posible: ya hace cinco años.)
8. (El empleo del presente no es posible: el invierno pasado.)
9. Hoy volvemos a las siete, pero mañana volveremos más tarde porque tendremos que hacer unas compras después del trabajo.
10. ¿Cuesta mucho este coche? —Sí. El dueño pide 15.000 euros.
11. (No es posible el uso del presente).
12. ¿Por qué no pone usted la silla aquí y se sienta?
13. (No es posible el empleo del presente: hace una semana.)
14. Hoy yo me acuesto (acostaré) muy temprano porque estoy muy cansado.

b) Escribe las frases en el pasado.

1. No fuimos al fútbol porque la entrada costaba mucho dinero.
   No íbamos al fútbol porque la entrada costaba mucho dinero.
2. Cuando empezó a llover, cerré todas las ventanas.
3. Rosario no lo podía evitar, en la clase de español se dormía cuando el profesor comenzaba a explicar la gramática.
4. Ella nunca recordaba lo que soñaba.
5. Ayer Manuel se acostó muy tarde y hoy a mediodía aún no se ha levantado.
6. (Solamente en presente: interrogación)
7. Su padre padecía de silicosis y murió ya hace cinco años.
8. El invierno pasado estuvimos dos semanas en Candanchú. Nevó casi todo el tiempo, pero no sentí frío.
9. (Presente: hoy)
10. (Únicamente en presente: interrogación + este)

11. Shakespeare y Cervantes murieron en el mismo año.
12. (Únicamente presente: interrogación + aquí)
13. Hace una semana estuve en casa de Maite viendo las fotos de la excursión. Ella me prometió mandarme algunas, pero hasta hoy no he recibido ninguna.
14. (Únicamente presente: hoy)

6. ¿Por o para?

1. Para aprender español tienes que estudiar un poco más. – 2. ¿Cuándo piensas partir para París? – 3. Este individuo habla horas enteras para no decir nada. – 4. Antonio Flores no quería ser minero por conocer bien la profesión. – 5. Para la semana próxima ya habré terminado el trabajo. – 6. Paseamos dos horas por el fondo de la mina. – 7. Me llamó ayer por la tarde. – 8. Estas flores son para tu hermana. – 9. Los mineros necesitaban mucho valor para trabajar en aquellas condiciones. – 10. Gilanco daba todos los días un paseo por la selva. – 11. El accidente tuvo lugar por culpa del mal tiempo. – 12. Busco un lugar de trabajo para las vacaciones de verano. – 13. Le han vendido la casa por 15.000 euros. – 14. Me han enviado los libros por correo. – 15. Para ellos no existen complicaciones. – 16. Cuando vamos a España, pasamos siempre por Canfranc. – 17. El concierto está anunciado para el sábado. – 18. Salen todos los fines de semana de excursión para respirar aire puro. – 19. A las seis de la tarde tomaremos el tren para Madrid. – 20. He paseado media hora por el parque. – 21. Piensan hacer un viaje por el sur de Francia. – 22. Para Nuria lo más importante es estudiar. – 23. Ya sólo falta un mes para las vacaciones. – 24. Deseamos una habitación para tres semanas. – 25. Tiene que trabajar porque necesita dinero para sus estudios. – 26. El Talgo Barcelona-Madrid pasa por Zaragoza. – 27. En esta zona hay muchos pisos en venta pero la gente no los compra por no tener dinero. – 28. ¿Ha llegado alguna carta para mí? – 29. Tiene que terminarlo para el primero de septiembre. – 30. En su último viaje por España pasaron por Montserrat.

7. Completa las frases en pasado:

1. Cuando oyó la noticia, se puso muy triste. – 2. El señor Roca dijo anoche que los chicos eran muy amables. – 3. Eran más de las siete, cuando llegaron a la estación. – 4. Carla leía (leyó) el libro, mientras su hermana veía la televisión. – 5. Cuando salió de casa, se dio cuenta de que hacía mucho frío. – 6. Carlos y yo no pudimos (podíamos) salir de casa porque (estábamos) estuvimos enfermos. – 7. Cuando iba a salir, me llamaron por teléfono. – 8. Nuestro primo nos escribió que quería venir a vernos pronto. – 9. El verano pasado fui a la piscina casi todos los días. – 10. Eran las ocho de la tarde, cuando llegué al aeropuerto. – 11.En el mes de abril hicimos una excursión. Nos hizo un tiempo magnífico. – 12. Me dijeron ayer que la conferencia comenzaba (comenzaría) a las dos de la tarde. – 13. Cuando me levanté, aún no eran las siete. – 14. Los excursionistas no partieron hasta que cesó de llover. – 15. Luego que llegó, se fue directamente a la cama. – 16. Mi hermano nació en Francia, pero habla sólo castellano porque mis padres lo trajeron a España cuando aún era muy pequeño.

21.4 Una familia chilena de origen alemán

1. Preguntas sobre el texto:

1. La familia Peters llegó a Chile en 1875.
2. Les fue bien porque el gobierno chileno le otorgó a la familia tanto tierras como un préstamo de alrededor de 200 dólares.
3. Un nieto, Carlos Peters, se mudó a la capital en los años cincuenta y consiguió trabajo en una imprenta.
4. Roberto emigró a Alemania porque había sido encarcelado y torturado después del suicidio de Allende.
5. Los tataranietos de Joseph quieren volver a Chile, la hija sólo para visitar el país de sus antecedentes, el hijo para hacer unas prácticas.

21.5 Un poco de historia

1. Consulta y explica por escrito dos de los siguientes términos:

Imperio Romano: Estado mediterráneo de la antigüedad, fundado por Octavio en el 27 a. C. al recibir el título de Augusto y la categoría de príncipe, de manos del Senado de Roma, después de desaparecer la República en época de Julio César. Augusto reformó las estructuras del Estado acumulando el mando supremo del ejército, el poder tribunicio, el gobierno de las provincias imperiales, el poder consular y el pontificado máximo. Sus sucesores, de la dinastía Julio-Claudia, Tiberio, Calígula, Claudio y Nerón, recibieron el poder por prohijamiento de su antecesor, excepto Claudio, que fue aclamado por los pretorianos tras el asesinato de Calígula. El despotismo de los emperadores llegó a su extremo con Nerón. Después de su suicidio estalló una guerra civil, resuelta por el general Vespasiano, que instauró la dinastía Flabia. Esta dinastía, a la que pertenecieron Vespasiano, Tito y Domiciano, gobernó entre los años 69 y 96, en una época de estabilidad y éxitos militares en Germania y Judea. La dinastía Antonina, compuesta por Nerva, Trajano, Adriano, Antonio Pío, Marco Aurelio y Cómodo, extendió el poder de Roma a Dacia, Arabia, Armenia y Mesopotamia y en ella figuraron los primeros emperadores no itálicos, los hispanos Trajano y Adriano. A su término, y tras una nueva época de luchas por el poder, Séptimo Severo instauró la dinastía Severa, que gobernó entre el 193 y el 235, compuesta, a parte de Séptimo, por Caracalla, Macrino, Heliogábalo y Alejandro Severo; en esta época las fronteras estaban amenazadas por británicos, germanos, partos y marcomanos. Entre el 235 el 305 se desarrolló el período conocido como anarquía militar, en el que el poder efectivo del imperio descansó en las legiones, que nombraron y depusieron a numerosos emperadores. Esta época crítica fue superada con la llegada al poder de Diocleciano, que instauró el gobierno de la tetrarquía (dos augustos y dos césares), reorganizó la administración, saneó las finanzas y gobernó con autoridad y eficacia. Constantino en el 312 se proclamó soberano único, legalizó el cristianismo y refundó Constantinopla en la antigua Bizancio, con lo que comenzó la división entre Oriente y Occidente. Ésta se hizo efectiva jurídicamente con la muerte del último gran emperador, el hispano Teodosio, que convirtió el cristianismo en religión oficial del imperio y entregó los imperios de Occidente y Oriente a sus hijos Onorio y Arcadio, respectivamente, en el año 404. Desde principios del siglo V se produjeron las invasiones germánicas, que causaron la ruina del imperio de Occidente, desaparecido en el 476 con la deposición de Rómulo Augústulo. El imperio de Oriente, por su parte, subsistió a esta época de crisis y se prolongó hasta mediados del siglo XV con el nombre de imperio bizantino.

Islam: El Islam es la religión revelada por Dios a Mahoma en Arabia a principios del siglo VII y contenida en el libro sagrado, el Corán. Mediante su predicación, Mahoma logró la unificación de los clanes y tribus nómadas árabes creando un Estado que extendió el Islam a toda Africa septentrional, Asia occidental y parte de la Europa meridional. En la actualidad constituye una de las principales religiones del mundo (la segunda por el número de practicantes, con 1,3 mil millones de creyentes). El Islam nace como sociedad teocrática, en la que la propia religión es la ley por la que se rige y ordena la vida civil y política. Al Corán, como fuente jurídica, se unen el Hadiz (dichos y hechos del profeta Mahoma), y la Sunna (tradición); la materia religiosa y jurídica que contienen fue desarrollada por los ulemas (doctores) de las distintas escuelas doctrinales. En las primeras décadas de su existencia sufrió la escisión de dos sectas heréticas, chiitas y jariyitas, cuyas diferencias con los ortodoxos o sunnitas son fundamentalmente de tipo político. La doctrina islámica consta de creencias y obligaciones. La creencia esencial es que Dios es sólo uno y que Mahoma es su enviado. Dios se ha manifestado a los hombres a través de profetas: Abraham, Moisés, Jesús y, el último de ellos, Mahoma, que cerró el ciclo de la revelación. Las obligaciones son cinco: profesión de fe, la oración cinco veces diarias, la limosna o impuesto, el ayuno de Ramadán y la peregrinación a la Meca una vez en la vida. Algunas sectas y grupos islámicos consideran también como obligación la yihad o guerra santa contra los infieles.

Reconquista: Período de la historia de España que media entre la invasión musulmana (711) y la toma de Granada por los Reyes Católicos (1492). La Reconquista constituyó el esfuerzo realizado a lo largo de ocho siglos por los reinos cristianos hispánicos para recuperar el conjunto de tierras peninsulares ocupadas por el Islam. Tradicionalmente se distinguen en la Reconquista tres etapas: en la primera los cristianos llegaron hasta el valle del Duero (s. IX–X), en la segunda, hasta el valle del Tajo (s. XI), y en la tercera hasta el valle del Guadalquivir (s. XIII). La Reconquista fue acompañada por la repoblación u ocupación de la tierra recuperada por colonos cristianos. De la Reconquista surgieron entidades políticas con orientaciones distintas e intereses muchas veces contrapuestos: Portugal, Castilla, Navarra, Aragón y Cataluña. Su principal efecto fue mantener la Península Ibérica dentro del mundo cristiano occidental y marcó profundamente las estructuras sociales, económicas y culturales de los reinos hispánicos, que a causa de su carácter de frontera frente al Islam, no experimentaron en toda su intensidad el feudalismo y fueron sociedades plurales en las que la civilización cristiana convivió con la musulmana y la judía.

Mezquita: Edificio destinado a la oración y culto de los musulmanes. Generalmente es de planta cuadrada o rectangular. Consta de una sala de oración colectiva (sala hipóstila), el mihrab (nicho orientado a La Meca), uno o varios alminares (para llamar a la oración) y varios iwanes (salas abovedadas). También tiene frecuentemente un patio rodeado de pórticos que puede ser lugar de oración. El modelo arquitectónico se fue modificando y enriqueciendo según la época y el lugar, pero la planta siguió fiel al modelo primitivo del s. VII.

Alhambra: Palacio fortaleza de los reyes nazaríes de Granada. El conjunto consta de tres partes principales: la alcazaba, el alcázar y los jardines. Junto al patio de la Alberca se encuentra el palacio renacentista de Carlos V, obra del arquitecto Pedro Machuca.

Reyes Católicos: El título de Reyes Católicos fue conferido a Fernando II de Aragón e Isabel I de Castilla por el Papa valenciano Alejandro VI en 1496. Los reyes recibieron este título como homenaje a su labor en la propagación del catolicismo: habían finalizado la reconquista con la toma de Granada, habían enviado a Cristóbal Colón a América y habían iniciado la Inquisición, todos acontecimientos del mismo año, en 1492. Además, el fuerte reinado de Fernando e Isabel significó la unión de las Coronas de Castilla y de Aragón y el tránsito del mundo medieval al mundo moderno. El título de *Rey Católico* se hereda hasta hoy día.

Cristóbal Colón (Génova 1451–Valladolid 1506): Navegante genovés al servicio de los Reyes Católicos. Concibió el proyecto de viajar por mar a las Indias siguiendo la ruta de Este a Oeste, y buscó un patrocinador para su viaje. Tras un intento fallido en Portugal, se trasladó a Castilla donde los Reyes Católicos accedieron a financiar su plan según las condiciones acordadas en las capitulaciones de santa Fe. Partió del Puerto de Palos el 3 de agosto de 1492, al mando de las tres carabelas Pinta, Niña y Santa María y alcanzó la isla de Guanahaní (a la que llamó San Salvador) el 12 de octubre; más tarde descubrió Cuba y Haití (bautizadas como Juana y La Española), que exploró en su segundo viaje (1493-1496), en el que además llegó a Jamaica. En el tercero (1498–1500) arribó a la isla de Trinidad y luego viajó a la Española, que encontró sumida en el desgobierno a causa de la rebelión de Francisco Roldán. El comendador Francisco de Bobadilla, enviado por los Reyes Católicos, tomó partido en contra de Colón y de su hermano Bartolomé y los envió presos a España. Una vez rehabilitado, emprendió su cuarto y último viaje (1502–1504), en el que recorrió la costa de América Central. Retornado a España, murió mientras intentaba conseguir que la Corona le concediera los privilegios de almirante y gobernador de las tierras conquistadas.

Reino de Granada: Reino islámico nazarí que existió en el Sureste de España entre 1238 y 1492 y cuyo centro fue la ciudad de Granada. El reino fue fundado por Muhammad ibn Nasr que, aprovechándose de la decadencia almohade, extendió su poder a las actuales provincias de Granada, Málaga y Almería. Fue un gran centro comercial, al que llegaban grandes cantidades de oro procedentes de Sudán, y un importante foco de la industria de la seda, en el que florecieron la cultura y el arte.

2. Preguntas sobre el texto:

1. La Península Ibérica formó parte del Imperio Romano durante cuatro siglos.
2. Los germanos invadieron la Península en el siglo V.
3. Los germanos estuvieron en la Península unos dos siglos.
4. El cambio que llevó consigo la invasión de los árabes en el territorio peninsular fue bastante radical ya que la religión y cultura mahometanas eran muy distintas de la religión y las culturas europeas.
5. La Reconquista comenzó en las zonas montañosas del norte de la Península.
6. Córdoba fue en su época musulmana una de las ciudades más ricas y más cultas de Europa. Granada fue también una ciudad musulmana que se destacó un poco más tarde que Córdoba en los campos de las ciencias y las artes.
7. La unificación de España tuvo lugar a finales del siglo XV con el matrimonio de la Reina de Castilla con el Rey de Aragón.
8. Los Reyes Católicos vencieron a los árabes en el año 1492.
9. La condición que se les puso a los judíos y a los árabes que decidieron permanecer en España fue que se convirtieran al cristianismo.
10. Cristóbal Colón descubrió América, los Reyes Católicos conquistaron Granada y Antonio de Nebrija publicó su Gramática castellana.

3. Sopa de letras:

Alba – árabe – armada – celtas – Cid – Colón – Cortés – Cuba – gótico – Guernica – iberos – Isabel – islam – Niña – paz – Pinta – Pizarro – Reconquista – rey – rojos – Trafalgar

21.6 Expresiones útiles: vocabulario juvenil

Traduce las siguientes frases del castellano coloquial al castellano estándar.

1. Eres tacaño, chico, siempre andas pidiendo tabaco a todo el mundo.
2. Juan es muy atractivo y con lo simpático que es, no sé cómo ha podido hacerse novio de María, que es una chica muy aburrida.
3. Me gusta mucho el nuevo disco del grupo punk «Matapijos».
4. Estas vacaciones vamos a pasárnoslo muy bien, te lo prometo.
5. ¡Qué mal, el nuevo profesor era tan buena persona y ya lo han echado!
6. La clase de español es muy aburrida, me quedo siempre dormido.

Lección veintidós

22.3 Ejercicios

1. Escribe el imperfecto y pluscuamperfecto de subjuntivo de los siguientes verbos:

1.	viniera/viniese	hubiera / hubiese venido
2.	hiciera/hiciese	hubiera / hubiese hecho
3.	conociera/conociese	hubiera / hubiese conocido
4.	construyera/construyese	hubiera / hubiese construido
5.	tuviera/tuviese	hubiera / hubiese tenido
6.	volviera/volviese	hubiera / hubiese vuelto
7.	sintiera/sintiese	hubiera / hubiese sentido
8.	escribiera/escribiese	hubiera / hubiese escrito

2. Preguntas sobre el texto:

1. Se conocen de la Universidad de Hamburgo donde Jordi pasó dos semestres como estudiante de intercambio. – 2. Marc ha venido a Barcelona porque quiere pasar unos días con su amigo. Ha venido en avión. – 3. No, no está cansado pero sí tiene hambre. Marc conoce bien Madrid porque ya ha estado allí varias veces, pero conoce muy poco Barcelona. – 4. Los dos amigos van a casa de Jordi en coche. Para ello, tardarían media hora si no irían al supermercado en el camino. – 5. Cuando llegan a casa, Jordi prepara una tortilla de patatas y Marc hace una ensalada. – 6. Hablan de Barcelona. Parte de Barcelona le gusta mucho a Jordi, pero dice que la periferia de la ciudad es horrible. – 7. La periferia es deprimente porque los edificios son casi todos iguales y la construcción es bastante mala. – 8. Cuándo era pequeño, Jordi vivió en el barrio de Sants. Había sido un pueblo independiente que tenía casas bajitas con patios interiores y calles tranquilas. Pero Sants ya no es un pueblo. – 9. Marc dice que la especulación urbanística ha causado la construcción de demasiados hoteles y apartamentos en las costas que antes habían sido un encanto. – 10. Marc cree que muchos turistas que van a la Costa Brava no van allí para conocer el país, sino para tostarse al sol y consumir todo lo que se les ofrece. Además, dice que las agencias de turismo lo tienen todo muy bien organizado para persuadir a los turistas para que vayan a los centros turísticos de masas.

3. Repaso del condicional. Pon los verbos en la forma condicional:

1. Me alegraría mucho ver a tu hermano.
2. Podríamos dormir dos o tres horas.
3. ¿Te gustaría vivir en Barcelona?
4. Contigo iría al fin del mundo.

5. Le gustaría viajar en avión.
6. Saldríamos antes de las siete de la tarde.
7. Paquito leería el periódico.
8. Volvería después de comer.
9. Diría que no.
10. ¿Podrías sacarme los billetes?
11. Antonio cenaría en nuestra casa y vendría con nosotros al teatro.
12. No querrían pagar tanto dinero.

4. ¿Subjuntivo o indicativo?

1. Te dije que cerraras la puerta. – 2. Mi madre no quería que volviéramos tarde porque al día siguiente teníamos que levantarnos antes de las siete. – 3. Me extrañó mucho que no encontrase el piso. – 4. Me pidió que fuera a su casa y que saliera con él a dar un paseo. – 5. Me rogó que le escuchara. – 6. Petra dijo que la novela que leía era muy difícil de entender. – 7. No creo que Pedro conozca a mi hermano porque mi hermano está en Barcelona desde hace muchos años. – 8. Nuestro profesor de español nos dice que es necesario que trabajemos más. – 9. El médico me ha dicho que no (beba) bebiera, no (fume) fumara y que (haga) hiciera más ejercicio. – 10. Los propietarios de los latifundios no quieren que los obreros cultiven las tierras porque tienen miedo que después se queden con ellas. – 11. Deseo que oigáis lo que os voy a decir. – 12. Jordi esperaba que su amigo Hans llegase unas horas antes. – 13. Los turistas querían que les sirvieran la cena a partir de las siete de la tarde. – 14. Queríamos pasar allí las vacaciones porque buscábamos descanso y tranquilidad.

5. Forma oraciones condicionales siguiendo los modelos:

a)

1. Si toma un taxi, llegará a tiempo. – 2. Si hace deporte, se conservará joven. – 3. Si salimos puntualmente, no nos perderemos el comienzo de la película. – 4. Si te acuestas temprano, podrás levantarte mañana a las cinco. – 5. Si te abrigas bien, no te resfriarás. – 6. Si descansas un poco, podrás trabajar mejor después. – 7. Si reflexionas un poco, no dirás tantos disparates. – 8. Si ayudas a tus amigos, ellos te ayudarán. – 9. Si viene a verme, podremos hablar detenidamente de este asunto. – 10. Si vienes esta tarde, podrás hablar con mi hermano.

b)

1. Si no hiciera mal tiempo, iría a la piscina. – 2. Si no fumara tanto, no le dolería constantemente la garganta. – 3. Si Carmen quisiera acompañarnos, iríamos a la charla. – 4. Si tú no me molestases sin cesar, podría terminar el trabajo. – 5. Si aparcara el coche un poco más atrás, podría aparcar el mío. – 6. Si sacase todo del armario, podríamos moverlo mejor. – 7. Si estuviesen más atentos, tendrían menos faltas. – 8. Si nos lo pidieran, les ayudaríamos. – 9. Si tuviera suficiente dinero, iría de excursión con vosotros a Toledo. – 10. Si no hablarais tan alto, yo entendería lo que dice el profesor.

6. Forma frases condicionales:

1. Si el tren llega a tiempo, estaremos en casa antes de las tres de la tarde.
   Si el tren llegara a tiempo, estaríamos en casa antes de las tres de la tarde.
   Si el tren hubiera llegado a tiempo, habríamos estado en casa antes de las tres de la tarde.
2. Si dormimos, no estaremos cansados.
   Si durmiéramos, no estaríamos cansados.
   Si hubiéramos dormido, no habríamos estado cansados.
3. Si no hay mucho tráfico, no tomaremos el autobús.
   Si no hubiese mucho tráfico, no tomaríamos el autobús.
   Si no hubiese habido mucho tráfico, no habríamos tomado el autobús.
4. Si no construyen mucho y mal, no destruirán el paisaje.
   Si no construyesen mucho y mal, no destruirían el paisaje.
   Si no hubiesen construido mucho y mal, no habrían destruido el paisaje.
5. Si se edifica mejor, las playas conservarán su belleza.
   Si se edificara mejor, las playas conservarían su belleza.
   Si se hubiera edificado mejor, las playas habrían conservado su belleza.
6. Si vienes, verás lo que ha pasado.
   Si vinieras, verías lo que ha pasado.
   Si hubieras venido, habrías visto lo que ha pasado.
7. Si hace deporte, se conservará más joven.
   Si hiciera deporte, se conservaría más joven.
   Si hubiera hecho deporte, se habría conservado más joven.
8. Si trabajamos, conseguiremos lo que queremos.
   Si trabajáramos, conseguiríamos lo que queremos.
   Si hubiéramos trabajado, habríamos conseguido lo que queríamos.
9. Si dice la verdad, no tendrá problemas.
   Si dijera la verdad, no tendría problemas.
   Si hubiera dicho la verdad, no habría tenido problemas.
10. Si legalizan las drogas, su consumo no disminuirá.
    Si legalizaran las drogas, su consumo no disminuiría.
    Si hubiesen legalizado las drogas, su consumo no habría disminuido.
11. Si el turismo aumenta, el comercio se beneficiará de ello.
    Si el turismo aumentara, el comercio se beneficiaría de ello.
    Si el turismo hubiera aumentado, el comercio se habría beneficiado de ello.
12. Si piensan lo que hacen, no consumirán todo lo que les ofrecen.
    Si pensasen lo que hacen, no consumirían todo lo que les ofrecen.
    Si hubiesen pensado lo que hacían, no habrían consumido todo lo que les ofrecían.

7. Escribe y traduce los sustantivos correspondientes:

aprovechamiento	consecución	destrucción	reflexión
aumento	construcción	disminución	ruptura
beneficio	consumo	motivación	superación

búsqueda	convencimiento	oferta	traslado
comienzo	creación	organización	viaje
comprensión	crecimiento	persuasión	visita
conocimiento	descanso	procedimiento	vida

8. Ordena las palabras:

1. Marc es un chico de Hamburgo que ha venido a Barcelona para pasar unos días con su amigo Jordi.
2. Jordi estuvo algún tiempo estudiando en una universidad del norte de Alemania.
3. Algunas zonas de la periferia de Barcelona son horribles porque en ellas se han construido muchos bloques de cemento.
4. Muchos turistas no van a España para conocer el país, sino para tomar el sol y consumir todo lo que la industria turística les ofrece.
5. Marc no está cansado porque ha venido en tren y ha podido dormir algunas horas durante el viaje.

22.4 El turismo en España

1. Preguntas sobre el texto:

1. El turismo se ha convertido en un factor importante de la economía española desde los años cincuenta.
2. Cuatro son las principales razones por las que se puede afirmar que el turismo es un elemento básico de la economía española:
   - El número de turistas que se desplazan a España es muy elevado.
   - Los ingresos que el turismo reporta a la nación son enormes.
   - Los puestos de trabajo que abre el turismo son importantes para la economía española.
   - Las transformaciones que lleva consigo el equipamiento de las zonas turísticas tienen importantes repercusiones en el resto del país.
3. El número de turistas recibidos en España disminuyó en el año 1973. La causa del descenso fue la crisis económica que tuvo que atravesar Europa en ese período.
4. Solo hay dos naciones que reciben más turistas que España: Estados Unidos y Francia.
5. La cantidad de euros que ingresó España en el 2010 se elevó a 48.929 millones.
6. Los tres países que más turistas envían a España son Francia, Inglaterra y Alemania.
7. Las causas por las que van los turistas a España son el clima seco, la abundancia de sol y el relativamente bajo precio de los hoteles.
8. Las ventajas del turismo para la nación española son las divisas que se adquieren mediante el turismo y que la agricultura y la industria española se benefician del turismo.

9. Aspectos negativos del turismo son entre otros que la ocupación que da el turismo es sólo temporera y que la construcción excesiva en las zonas turísticas destruye los paisajes naturales.

2. Pon los verbos en las formas convenientes:

1. El turismo es un factor importante en la economía española porque da trabajo a muchas personas. – 2. Juan José me pide que le ayude a hacer los deberes y que le acompañe a dar un paseo. – 3. Unos amigos de mi padre quieren pasar las vacaciones en la Costa Brava. – 4. Mi padre no me permitía que saliese todas las tardes. Él pensaba que era más importante que hiciese los deberes y repasase bien las lecciones. – 5. El señor Martínez pidió al camarero que le trajese el café y que le hiciese la cuenta porque no tenía mucho tiempo. – 6. El señor Perrier dice que el turismo favorece a la región malagueña porque el turismo se traduce en trabajo y divisas. – 7. La madre estaba muy admirada de que su hija no supiese que su padre tenía que trabajar mucho para que ella y sus hermanos pudieran estudiar. – 8. Pedro quiere salir esta noche pero su padre no se lo permite. – 9. Es posible que mis amigos no encuentren el café y vuelvan a sus casas un poco decepcionados. – 10. Espero que él sepa lo que quiere. – 11. El médico exigió al paciente que no fumase ni bebiese porque fumar y beber era peligroso para su salud. – 12. Prefiero que vengas mañana sin que los otros lo sepan.

3. Redacta en unas quince líneas la historieta:

Un matrimonio está en la sala de estar. El marido, mientras ve la televisión, se toma un vasito de vino. La señora está haciendo media.
Como tienen la tarde libre y hace buen tiempo deciden salir al campo.
Cogen lo que necesitan, lo llevan al coche y parten.
Poco tiempo después se encuentran ante un lindo lago. Hace un tiempo magnífico. Paran y ponen sus cosas a la sombra de un árbol.
Se han traído una televisión portátil para poder continuar viendo el programa que ya habían comenzado a ver en su sala de estar. Él con su vasito de vino en la mano, y ella haciendo media.

4. Pon las palabras en su lugar consultando el diccionario:

Se acabó

Por favor, nunca se le ocurra decir que descubrió un lugar tranquilo. Que existe ese pequeño pueblo con un riachuelo y cuatro casas baratas y el cuartel de la Guardia Civil al borde de la carretera, y árboles frondosos y una ermita, y buena gente de la que ya no queda. Está perdido. Es la ruina. Se acabó la paz.

Un amigo se lo dice a otro y, juntos, ya no son sus amigos. Son aliados que vienen a invadir aquel rincón idílico con el pretexto de echar un vistazo y de hacer una barbacoa. Apenas encienden la hoguera, con la primera chuleta aún en la parrillla, aniquilan la quietud e incineran el sosiego.

Y el deshabitado enclave experimenta una transformación malthusiana: viene uno y pone aparcamiento para que el infeliz del pueblo se cale la gorra de plato y disfrute de sueldo fijo. El carnicero amplía el negocio y añade congelados. El tipo del bar, que era alguacil y enterrador, abandona el pluriempleo y monta un sombrajo con anuncios de mierda-up y coloca un ordenador en la caja. Los guardias se emborrachan al anochecer del viernes imaginando los caídos por la patria del tráfico de fin de semana.

El riachuelo ya arrastra plásticos, los árboles se arrancan para plantar farolas, y la ermita, debidamente desacralizada, se convertirá en discoteca al estilo de Nueva York. No se hable más: todos tan contentos porque ruido y jamón ahumado al aire libre es el montadito perfecto.

¿Es que no hay forma de preservar algo aunque no sea más que para saber que aún es posible cargárselo otro día? ...

Lección veintitrés

23.3 Ejercicios

1. Preguntas sobre el texto:

1. El Día de los Inocentes es el 28 de diciembre. – 2. Es una conmemoración cristiana por parte de los católicos en España y Latinoamérica. – 3. Este día conmemora la supuesta matanza de niños por orden del rey Herodes. De esta manera, este rey sanguinario y sin escrúpulos quería asegurarse de la muerte de Jesús. – 4. En este día está permitido engañar a todo el mundo. – 5. En este día hay que leer los periódicos con muchísima atención porque en ellos se mezcla la realidad con exageraciones sensacionalistas y divertidas que no corresponden a la verdad. – 6. Se hacen diferentes bromas como cambiar el azúcar por sal, adelantar o atrasar el despertador o pegar monigotes de papel en las espaldas de los transeúntes despistados.

2. Completa las frases:

1. Se lo digo a fin de que lo sepa.
2. Os presto este libro con tal que me lo devolváis antes de final de mes.
3. Le hablo sin que me entienda.
4. Te he traído el libro para que lo leas.
5. Voy al mecánico a que me haga un presupuesto para la reparación del coche.
6. Voy a casa de Alfonso para que me dé las llaves del coche.
7. No sale nunca sin que su padre lo sepa.
8. Me han dicho que podíamos ir a tomar café con ellos.
9. Le regalé la novela para que la leyera.
10. Les robaron el coche sin que se dieran cuenta.
11. Te presto el vestido con tal que me lo devuelvas antes del sábado.
12. Quería que trabajaran para que pudieran pagar sus estudios.

3. Pon las preposiciones que hagan falta:

1. ¿No te acuerdas de mí?
2. Los vecinos del barrio protestan por (de) la inseguridad que hay de noche en sus calles.
3. Ya es hora de ponerse a trabajar.
4. El número de personas que trabaja con ordenador ha aumentado mucho en los últimos años.
5. Lo despidieron de la empresa por no cumplir con su trabajo.
6. Iré a Madrid en Navidades para visitar a unos amigos.
7. Todos estamos de acuerdo con la condena de la violencia.
8. Es una persona que siempre se empeña en demostrar que sabe más que los demás.
9. Muchos turistas vienen a España por el clima.
10. Es una injusticia que haya gente que carezca de lo necesario para vivir.
11. Hazte cargo de los niños mientras yo bajo a la farmacia.
12. Subimos por la escalera porque el ascensor no funcionaba.
13. El joven hallado en el parque murió de una sobredosis de heroína.
14. Actuó con mucho aplomo y sin perder los nervios.
15. Este grupo de estudiantes se dedica, durante el verano, a alfabetizar a los adultos de la región.

4. Completa las frases:

1. El día 28 de diciembre es el Día de los Santos Inocentes.
2. En esta fecha está permitido engañar a todo el mundo.
3. Hay que leer los periódicos con cuidado.
4. Los niños pegan monigotes en las espaldas de los transeúntes.
5. Se puede pegar una moneda en el suelo para que la gente se agache.
6. Algunos cambian el azúcar por sal en el azucarero.
7. Se supone que este día festivo se origina en la matanza de niños que ordenó el rey Herodes.

5. ¿Qué verbos corresponden a los sustantivos?

precaución/precaver	motivo/motivar	conducta/conducirse
uso/usar	separación/separar	determinación/determinar
publicación/publicar	fotografía/fotografiar	mención/mencionar
llamada/llamar	deseo/desear	olvido/olvidar
creencia/creer	aumento/aumentar	crítica/criticar
paseo/pasear	venta/vender	broma/bromear
mezcla/mezclar	sentimiento/sentir	descanso/descansar
extensión/extender	aparición/aparecer	protesta/protestar
decisión/decidir	cumplimiento/cumplir	gusto/gustar
necesidad/necesitar	robo/robar	acuerdo/acordar

6. ¿Imperfecto o indefinido? Completa el texto:

Cuando yo vivía aquí, había una tienda grande en esta calle. Mi familia siempre compraba allí. El propietario, que se llamaba Ernesto Lubina, era un hombre muy simpático, y su hijo Joselito era mi mejor amigo. Pues un día yo caminaba por delante de la tienda, cuando vi que la tienda estaba cerrada. ¡Qué raro! pensé. No era tarde. En efecto, eran sólo las cinco y media. De repente, vi una cosa misteriosa. El señor Lubina estaba allí, y un hombre alto hablaba con él. ¡Dios mío! El hombre tenía una pistola en la mano, y le pedía al señor Lubina que le diese todo el dinero. ¡No! Yo no iba a permitir eso. No sé cómo, pero yo abrí la puerta y entré. Me dirigí con calma adonde estaba el ladrón. Y lo cogí por detrás. El ladrón comenzó a disparar. En ese momento yo oí la voz de mi madre. «¡Niqui! ¡Niqui! ¿No te vas a levantar? ¡Son las ocho de la mañana ya! ¡Niqui! ¡Vas a llegar tarde a la escuela!» «Por favor, mamá», le dije. «¿No me permites por lo menos terminar este sueño?»

7. Pon un poco de orden:

1. El Día de los Inocentes está permitido en España engañar y tomar el pelo a vecinos y amigos.
2. Muchos españoles no compran el periódico el día 28 de diciembre porque en este día los periódicos mezclan las noticias reales con acontecimientos fantásticos.
3. Su hermano se ha paseado toda la mañana con el monigote en la espalda.
4. A los niños les gusta mucho colgar monigotes en las espaldas de los adultos sin que éstos se den cuenta.

23.4 Veintiocho años, y en paro

1. ¿Verdadero o falso? Justifica tu respuesta:

1. Falso. Ha ido docenas de veces al INEM por trabajo.
2. Falso. Siempre le han apoyado, pero ahora se están volviendo descontentos.
3. Falso. Su novia le dejó hace un año.
4. Falso. Su caso no es nada excepcional: el veinte por ciento de los desempleados son jóvenes.
5. Verdadero.
6. Verdadero.
7. Verdadero.

2. Define con tus propias palabras los siguientes términos del texto:

eficaz: lograr hacer efectivo un propósito

carrera superior: educación profesional o académica después de acabar la educación secundaria, i.e. carrera universitaria

currículum: lista de los datos personales, la educación, los estudios y la experiencia profesional de una persona

herencia familiar: cuando los padres dejan sus negocios a sus hijos, o simplemente les enseñan sus conocimientos
ocupación: puesto de trabajo
insinuación: la acción de dar a entender algo expresándolo de modo sutil
tratamiento psiquiátrico: cuando uno tiene citas con un psicólogo o psiquiatra
colocación: empleo
cubrir las expectativas: cumplir con lo que los otros esperan de uno

23.5 Las ilusiones perdidas

1. ¿Verdadero o falso? Justifica tu respuesta:

1. Falso. La beca Erasmus no es muy generosa porque costará a la familia la mitad de sus ahorros.
2. Falso. Las familias no suelen ser felices porque se sienten desamparadas y abandonadas después de despedir a sus hijos en la puerta de embarque.
3. Verdadero.
4. Verdadero.
5. Falso. No es el error de los emigrantes. Es más bien el error del estado que los deja ir.

2. Preguntas de comprensión y debate:

1. El texto trata el tema de la emigración de muchos jóvenes españoles que van al extranjero para estudiar o trabajar de au-pair.
2. Antes era un privilegio ir al extranjero, ahora es un acto de desesperación a causa de la crisis económica.
3. Los motivos son la búsqueda de un puesto de trabajo y vivir una vida digna.
4. No, su opinión no es positiva porque teme que la emigración llevará efectos aún peores consigo, como el empobrecimiento intelectual y técnico.

Lección veinticuatro

24.3 Ejercicios

1. Responde las preguntas:

1. El paciente va al médico porque le duele la cabeza. – 2. La cabeza le duele sobre todo después de ver la televisión. – 3. Contra el dolor de cabeza el médico le receta unas pastillas. – 4. El paciente se queja también de dolor del dedo pequeño del pie izquierdo. – 5. El médico pregunta al paciente si es fumador. – 6. El paciente dice que no bebe mucho. Sólo bebe un par de copas por la noche y un poco más los fines de semana. – 7. El médico le prohíbe el tabaco y le recomienda que reduzca el consumo

de bebidas alcohólicas. – 8. El paciente se marea al subir y bajar las escaleras. – 9. El mareo, según el médico, se debe a que el paciente tiene baja la tensión. – 10. El paciente no está de acuerdo con tener que ingerir grandes cantidades de medicamentos. – 11. El paciente piensa que los medicamentos no son buenos para el cuerpo porque contienen muchos productos químicos. – 12. El médico justifica sus decisiones diciendo que ha pasado mucho tiempo en la facultad de Medicina. – 13. El médico ha estudiado durante diez años en la facultad de Medicina. – 14. El médico quiere evitar los efectos negativos de los medicamentos recetando de nuevo otro producto farmacéutico.

2. Pon los verbos en los tiempos convenientes:

1. Os lo voy a repetir para que lo oigáis todos. – 2. Mientras no hables con él, no sabrás si es verdad. – 3. Me quedo aquí hasta que haya dejado de nevar. – 4. Me sorprendió que el jefe fuese tan accesible y estuviese dispuesto a hablar con todos. – 5. ¿Conoces a alguien que pueda ayudarme a hacer esta traducción? – 6. Llámame antes de que te vayas. – 7. ¿Hay alguien que pueda llevarme hasta Madrid? – 8. Es evidente que él está muy interesado en este proyecto. – 9. Me rogó que le diese pronto una respuesta. – 10. Cuando ella viene a vernos, siempre habla de lo mismo. – 11. Necesitan un ingeniero que tenga buenos conocimientos en informática. – 12. Buscaba un coche que no costara más de 12.000 euros. – 13. Esperábamos que el examen no fuese muy difícil. – 14. Hizo como si no me hubiera visto. – 15. No es seguro que ésta sea la mejor solución. – 16. Siempre que vienen, nos traen un buen regalo. – 17. Busca a alguien que le explique la gramática. – 18. Me habla como si yo no comprendiese español. – 19. Me parece que no tienes razón. – 20. Llévate unos euros para que te puedas (para poderte) comprar algo. – 21. Su padre le aconsejaba que estudiara medicina. – 22. Cuando el muchacho oyó la acusación, se puso muy nervioso. – 23. Me gustaría que vinierais a mi cumpleaños. – 24. Es posible que él ya se haya enterado de todo. – 25. Me ha pedido que le ayude. – 26. Es natural que estés cansado. – 27. El médico le ha ordenado que deje de fumar. – 28. No creo que Roberto continúe sus estudios en Pamplona. – 29. Siempre habla como si fuese un experto en la materia. – 30. Los manifestantes pedían que les redujeran la jornada laboral.

3. Ordena los antónimos:

a menudo / raramente
adecuado/a / impropio/a
alguno/a / ninguno/a
claro/a / dudoso/a
conocer/desconocer
empeorar/mejorar
empezar/finalizar
encontrar/perder
energía (f.) / debilidad (f.)
equivocarse/acertar
fin (m.) / comienzo (m.)
fuerte/débil
grave/leve
gustar/desagradar
mal (m.) / bien (m.)
malestar (m.) / bienestar (m.)
maligno/a / benigno/a
máximo/a / mínimo/a
natural/artificial
optimista/pesimista
ordenar/desordenar
orientar/desorientar
pequeño/a / grande
posible/imposible
primario/a / secundario/a
probable/improbable
rápido/a / lento/a

5. ¿Ser o estar?

1. Su señora es portuguesa. – 2. Se dice que los vascos son muy serios. – 3. Esta habitación es/está muy oscura. – 4. La paella está muy rica. – 5. Córdoba está en Andalucía. – 6. Sus padres están muy preocupados porque hace mucho tiempo que no han recibido noticias de él. – 7. La capital de Castilla-La Mancha es Toledo. – 8. El paciente está en la consulta del médico. – 9. ¿Sabes tú por qué Rosario está tan triste? – 10. El dolor de cabeza es un mal de nuestro tiempo. – 11. Ya hace veintidós años que están casados. – 12. El profesor de español está hoy de mal genio. – 13. Sus hermanos son todavía muy pequeños. – 14. Su primo está de maestro en un pueblo de Andalucía. – 15. Hoy el tiempo está muy fresco. – 16. Mi hermano es médico y está este mes en Múnich haciendo un cursillo. – 17. Si se marea, es porque está bajo de tensión. – 18. La pubertad es un periodo difícil de la vida. – 19. El clima de Galicia es muy húmedo. – 20. Los domingos los comercios están cerrados.

6. Traducción:

1. ¿Permite que me presente?
2. Quiero que me despierten a las seis.
3. No es seguro que le den el empleo / que obtenga el empleo.
4. Me alegro que esté bien / que le vaya bien.
5. Dime todo lo que sepas.
6. Me alegro mucho de haberte encontrado.
7. Haré todo lo que usted me diga.
8. Querían pasar las vacaciones en un pueblo que fuese tranquilo.
9. No creo que ella venga.
10. Necesito a alguien que me ayude.
11. Quería casarse con un hombre que tuviese/tenía mucho dinero.
12. Mientras tengas dinero, tendrás muchos amigos.
13. Te escribiré tan pronto como tenga tiempo.
14. Es una pena que no lo hayan invitado.
15. Si usted trabajara más, no tendría ningún tipo de dificultades.

7. Sopa de letras:

aspirina – boca – ceja – dedo – doctor – frente – ginecólogo – gripe – mal – mano – médico – oculista – operar – oreja – pie – receta – respirar – reuma – salud – sano

24.4 Cuba, los tiempos más difíciles

1. Preguntas sobre el texto:

1. Actualmente, Cuba tiene tres graves problemas: la productividad cubana es muy baja, no hay casi ninguna innovación tecnológica y el aparato estatal sigue siendo demasiado dominante. A eso se junta la subida del precio de los alimentos y la dependencia del apoyo venezolano.

2. Realmente no tiene puntos fuertes, según el autor, pero puede ser que Cuba pueda evitar parte de las crisis mundiales porque no participa en las instituciones como el FMI o la ONU que sufren de estas crisis. Además, Cuba por lo menos sigue siendo un estado socialista.
3. Es contradictorio porque la población cubana puede sufrir tanto bajo la revolución cubana como otros pueblos bajo dictaduras.
4. Prefiere decir «deseo de libertad» porque la palabra «democracia» le parece demasiado contaminada. Muchos gobiernos llaman su actitud democrática aunque no la es.
5. Está muy indeciso pero teme que el carácter modelo de Cuba como «gran referente mundial» desaparecerá/desaparezca pronto.

2. Completa el texto:
Los desheredados de la fortuna
Hastiados del hambre y la falta de libertad en Cuba, asfixiados por la dureza del régimen castrista, a algunos no les queda otro remedio que cruzar el mar en una balsa para llegar a Estados Unidos. Son los popularmente llamados «balseros». En los últimos meses ha continuado el flujo de refugiados cubanos que alcanzan las costas estadounidenses mediante este procedimiento. [...]

Lester Montero Pérez, un joven cubano de diecisiete años de edad, abandonó su país el tres de marzo del año pasado y puso rumbo a Florida a bordo de una tabla de «surf» que una turista de la antigua Alemania Oriental le había regalado durante unas vacaciones en la isla caribeña.

Lo recogió un barco en las islas Bahamas a cuarenta y ocho kilómetros al sur de «Key West», en Florida. El joven había comenzado el viaje dieciséis horas antes y había recorrido cerca de cien kilómetros cuando la tabla se rompió.

Montero Pérez declaró a las autoridades norteamericanas que la tabla, de tres metros de largo, fabricada en Austria, fue un regalo de una turista germano-oriental «que me la dio porque quería que fuera libre». [...]

El joven cubano espera obtener asilo político en los Estados Unidos.

Lección veinticinco

25.3 Ejercicios

1. Preguntas sobre el texto:
1. El rezo que está únicamente permitido en la Mezquita de Córdoba es el de la Iglesia católica.
2. La Mezquita se convirtió en catedral en el año 1236.
3. Los guardias de seguridad avisaron a la policía porque el grupo de turistas austriacos de una organización musulmana actuaba de manera violenta contra los guardias.

4. Estos turistas eran musulmanes.
5. La Junta Islámica opina que en la Mezquita se debería permitir el culto compartido. En cualquier caso lamenta el incidente. Por otro lado, el Obispado de Córdoba les reprocha a los turistas de haber provocado «de manera organizada un reprobable episodio de violencia».
6. Dos agentes de policía resultaron levemente heridos. Además, detuvieron a dos turistas de los cuales uno llevaba un arma blanca. Otros seis miembros del grupo fueron imputados por desorden público.

2. Pon las frases en pasiva:

1. El cuadro es examinado por un experto. – 2. La carta había sido traducida por la secretaria. – 3. La manifestación había sido prohibida por el presidente del Tribunal Superior. – 4. Casi todos los edificios de Guernica fueron destruidos por las bombas. – 5. El proyecto acaba de ser presentado por un ingeniero. – 6. El decreto es ratificado por el presidente. – 7. Muchos libros extranjeros son leídos por los estudiantes españoles. – 8. La proposición de Jaime no será aceptada por Carmen. – 9. Nos fue puesta una multa de 50 euros. – 10. Gilanco no era admirado por todos los indios de la tribu. – 11. Seremos recibidos por el rey de España la semana próxima. – 12. Los judíos fueron expulsados de España por los Reyes Católicos en el año 1492. En ese mismo año América sería descubierta por Colón. – 13. La ley ha sido aprobada por el Parlamento. – 14. La novela va a ser traducida por un escritor alemán. – 15. La obra más famosa de la literatura española fue escrita por Cervantes. – 16. Yo fui informado por unos conocidos de Antonio de la situación de los mineros. – 17. Fuimos acompañados por un empleado de la mina. – 18. El puente fue destruido por el huracán. – 19. El hígado de aquel minero había sido destrozado por el alcohol. – 20. Los hijos de Pachamama eran exterminados por Gilanco. – 21. Rigoberta Menchú fue recibida en la tarde de ayer por el Presidente.

3. Transforma las frases empleando la pasiva reflexiva:

1. El proyecto se presentará en el mes de abril.
2. El paquete se enviará por avión.
3. Sólo se invitó a las personas más importantes.
4. A la mujer, se le obligó a tener relaciones sexuales.
5. Se tiene que restaurar este edificio.
6. Se puso en prisión a los acusados.
7. Las bebidas ya se han pagado.
8. Se ha detenido a dos personas. / Han detenido a dos personas.
9. Se nos ha invitado a una reunión.
10. Se ha condenado a quince años de prisión a dos criminales.
11. Esta novela se publicó en 1945.
12. Se ha publicado un libro sobre la vida de este escritor.
13. Este edificio se inauguró el año pasado.

14. Se les informó de la situación.
15. La decisión se tomará en la próxima reunión.
16. Se persigue a los delincuentes.

4. Pon las siguientes frases en la voz activa:

1. No todas las personas que viven en Cataluña hablan catalán.
2. Unos bandidos asaltaron el tren.
3. El escritor peruano Mario Vargas Llosa consiguió el Premio Nobel de Literatura 2010.
4. Los agentes de seguridad vigilarán el centro de la ciudad durante toda la noche.
5. El injusto y tiránico sistema del gobierno del país originó la revuelta de la población.
6. El alcalde de la localidad pronunciaría el discuro inaugural.
7. El gobierno no ha autorizado la manifestación, pero los manifestantes han continuado las protestas.
8. Se prohibirá la clonación de animales con fines alimenticios.
9. No se ha demostrado todavía la existencia de otros planetas habitables para los seres humanos.
10. La policía evacuó el edificio rápidamente debido a una llamada de emergencia.

5. Expresión de la condición:

1. Si tengo tiempo, iré a verte.
2. Si vienes a tiempo, podremos salir antes de las cuatro.
3. Si hubieran podido vivir dignamente en sus países, no habrían venido a Europa.
4. Si trabajaras más, obtendrías lo que quieres.
5. Si me lo hubiera dicho, le habría ayudado.
6. Si hubieras venido antes, hubiéramos escrito todas las cartas.
7. Si nos esforzamos un poco más, lo conseguiremos.
8. Si hicieras los deberes todos los días, no tendrías problemas con las matemáticas.
9. Si dices la verdad, no tendrás problemas.
10. Si vinieran puntualmente, podríamos salir antes de las diez.
11. Si me lo hubieras dicho, lo habría hecho.
12. Si no puedo venir, te lo diré a tiempo.
13. Si hubieras leído el libro, sabrías de lo que estamos hablando.
14. Si nos hubieras avisado, no habríamos (hubiéramos) venido.
15. Si se lo preguntas, te lo dirá.
16. Si no fumaras, no toserías tanto.
17. Si aprueba, irá de vacaciones a Francia.

6. Escribe y traduce los verbos que corresponden a los siguientes sustantivos:

actitud (f.) / actuar
acusación (f.) / acusar
altercado (m.) / altercar
amenaza (f.) / amenazar
asalto (m.) / asaltar
aviso (m.) / avisar
castigo (m.) / castigar
condena (f.) / condenar
conversión (f.) / convertir
declaración (f.) / declarar
delito (m.) / delinquir
defensa (f.) / defender
denuncia (f.) / denunciar
detención (f.) / detener
documentación/documentar
elección (f.) / elegir
expulsión (f.) / expulsar
examen (m.) / examinar
herida (f.) / herir
incidente (m.) / incidir
intención (f.) / intentar
permiso (m.) / permitir
petición (f.) / pedir
pretensión (f.) / pretender
proceso (m.) / procesar
prueba (f.) / probar
reproducción/reproducir
resistencia (f.) / resistir
rezo (m.) / rezar
violencia (f.) / violar

7. Completa el texto:

Escribo para contar la historia de mi amigo Ahmed. Un buen día, como tantos otros, Ahmed dejó Marruecos. Vino a España porque deseaba una vida mejor. Decidió vender en el metro, en las calles, como primer recurso hasta conseguir arreglar los papeles que legalizaran su residencia.

Han pasado dos años, y todavía vende en el metro. Le espera cada día una casa oscura, porque nadie se fía de su piel distinta, y parecen pensar que un emigrante puede vivir de cualquier manera. Él aún sonríe con su buena intención intacta: no ha caído en el tráfico de droga, paga religiosamente todo lo que compra, y sigue esperando un cambio en su vida, que alguien se decida a alquilarle una vivienda digna y a darle un trabajo. Los españoles también fuimos en su día distintos, abandonamos nuestro país en busca de una vida mejor.

¿Por qué no nos importa hoy cómo viven los emigrantes en España? ¿Cómo es que decimos que no somos racistas y, sin embargo, jamás alquilaríamos nuestro piso a un emigrante, y jamás seríamos sus amigos?

Ahmed ha escrito esto en silencio, para quien quiera leerlo: «He dejado todo de mi vida, las cosas más importantes, como mi familia, amigos, patria, recuerdos de infancia, para poder realizar alguno de mis sueños y cambiar mi vida. Pero veo lo que deseo como si fuese aire que pasa demasiado rápido como para pensar que puedo vivir una vida nueva».

«La mirada de la gente me hace sentir que no quieren extranjeros. Sus ojos me dicen que no tengo sitio aquí. Es sólo una manera de decirme: ‹Fuera›.»

8. Pon las preposiciones que hagan falta:

1. Algunos españoles no alquilan pisos a los emigrantes porque desconfían de ellos.
2. La policía consiguió detener a un ladrón la semana pasada.
3. El número de emigrantes ha disminuido mucho en los últimos años.
4. Lucharon (durante) toda su vida por la recuperación de sus derechos.
5. Roberto acaba de preguntar por vosotros.
6. La sentencia pronunciada por el juez hace hincapié en una circunstancia agravante.

7. Me ocupaé de este asunto cuando vuelva de vacaciones.
8. Tienen miedo de ser expulsados porque carecen de permiso de residencia.

25.4 Ilegales

Preguntas sobre el texto:

1. El texto se puede dividir en tres partes.
   En la primera parte, que se extiende hasta la línea 9, el autor exterioriza su actitud de comprensión ante los magrebíes que arriesgan sus vidas para sobrevivir intentando entrar en España y que, por otra parte, son explotados impunemente por las personas que organizan los viajes.
   La segunda parte se compone de dos subpartes que coinciden con los párrafos 2 y 3 (líneas 10–22). En la primera se hace alusión a la imagen idealista y falsificada de Europa que los medios de comunicación divulgan en los países africanos. La segunda subparte presenta la situación absurda que existe en nuestro mundo actual: unos tienen que destruir gran parte de lo que producen por no poderlo consumir y otros mueren de hambre y no tienen la posibilidad de recibir lo que a los otros les sobra.
   En la tercera parte, de la línea 23 a la 26, el autor delata la hipocresía de una sociedad que denuncia las injusticias existentes en algunos países del mundo y excluye de sus Constituciones valores tan fundamentales como la solidaridad.
2. Los que se dedican al transporte de los emigrantes africanos no están interesados en ayudar a los que transportan, sino en beneficiarse lo más posible de sus actividades:
   Exigen cantidades enormes de dinero por su labor.
   Se hacen pagar el importe antes de comenzar su trabajo.
   No toman ningún tipo de responsabilidad.
3. La idea que los africanos tienen de Europa no es objetiva. A ello contribuyen sobre todo dos factores:
   La radio y sobre todo la televisión, que gracias a las modernas técnicas de retransmisión no conocen fronteras, muestran, sobre todo en su publicidad, una imagen paradisíaca de Europa, sin apenas aludir a los graves problemas existentes. Presentan a Europa como una sociedad en la que todo se puede obtener y consumir.
   Los africanos que trabajan en Europa y regresan a sus territorios durante las vacaciones no pueden aparecer ante los suyos como frustrados y dan a entender con su actitud y sus palabras que han alcanzado todo lo que en la vida se puede obtener. La realidad es, sin embargo, muy distinta.
4. Las principales causas por las que muchos magrebíes deciden abandonar sus países son:
   La catastrófica situación económica y social en la que se encuentran algunas capas de la sociedad en la que viven.
   La despreocupación de los gobiernos en lo que concierne a estos problemas.

La intolerancia y el fanatismo político e ideológico que practican algunos gobiernos y partidos de estos países.
La imagen «idealizada» que reciben por los medios de comunicación de la vida en Europa.
Las falsas promesas de las bandas que se dedican al transporte de las personas que quieren emigrar.

5. Algunos españoles piensan que los trabajadores árabes:
• bloquean los puestos de trabajo y los jóvenes españoles tienen que entrar en el paro.
• empeoran la situación de los obreros españoles porque aceptan condiciones económicas y laborales con las que los españoles no estarían de acuerdo.
Otras causas del rechazo de los marroquíes por parte de los españoles son el miedo a lo extraño y el, para muchos, incomprensible comportamiento de los árabes que, por motivos religiosos y culturales, no intentan seriamente integrarse en la sociedad española.
Crítica de la actitud de rechazo:
• Muchos emigrantes llevan a cabo los trabajos que los españoles no quieren realizar.
• Contribuyen con sus impuestos a asegurar los sistemas de asistencia social de la nación en la que se encuentran.
• La mezcla de culturas es algo muy positivo. La comparación crítica hace ver las propias deficiencias.
• Una adaptación absoluta al mundo europeo puede llevar a la pérdida de la propia identidad.
• El tener miedo a todo lo desconocido es un signo de falta de cultura.

25.6 Canción

«Clandestino» de Manu Chao

a) destino, corazón, papel, ciudad, Ceuta, Gibraltar, fantasma, autoridad, condena, llevar, corazón, clandestino, mano negra, africano

b)

1. Trata de la inmigración y residencia ilegal.
2. Por un lado, «mano negra» se refiere directamente al color de la piel y quiere decir que siendo de África el inmigrante está confrontado con el racismo. Por otro lado, la expresión representa el trabajo duro y mal pagado de los inmigrantes ilegales. Además, «mano negra» era el nombre de un grupo de música francés que fue fundado por Manu Chao.
3. Los clandestinos proceden de Latinoamérica, aquí mencionado de Perú y Bolivia, y de África, de ejemplo de Argelia y Nigeria.
4. En la canción, «clandestino» quiere decir «inmigrante ilegal», con la connotación de que el inmigrante siempre tiene que esconderse.

5. Babylon es una ciudad cerca de Bagdad que representa corrupción, pecado y decadencia en la Biblia. Aquí quiere decir que el inmigrante se encuentra en una metrópoli anónima y corrupta.
   La Biblia también cuenta que Dios les hizo hablar en diferentes lenguas a los habitantes para que no se entendieran entre sí. En la canción, ésto puede significar que el inmigrante no entiende el idioma del país al que inmigró.
   Babylon además se usa mucho como referencia en la música reggae.
6. Siempre tiene que esconderse y tener miedo a que le descubran. Tiene que trabajar por un sueldo mísero y vivir en un lugar feo. Se siente como un nadie.
7. La sustancia prohibida que se menciona en la letra es la marijuana.

Lección veintiséis

26.3 Ejercicios

I. Preguntas sobre el texto:

1. El vuelo de Madrid a Barcelona dura aproximadamente una hora.
2. El aeropuerto de Barcelona lleva el nombre de «Aeropuerto del Prat».
3. El autor va del Prat al centro de Barcelona en tren.
4. Cuando está en Barcelona, le gusta tomar el desayuno en las Ramblas o el Paseo de Gracia.
5. Barcelona es muy interesante desde el punto lingüístico porque es una ciudad en la que más de un millón de habitantes tiene una competencia absoluta en dos idiomas.
6. Lo que al autor no le agrada de la Barcelona de nuestros días es el crecimiento del nacionalismo lingüístico.
7. Al autor no le molesta el no poder participar en las conversaciones de los catalanes cuando éstos hablan su lengua, porque el no comprender el catalán le motiva a estudiar este idioma.
8. Un taxista le dijo que él estaba de acuerdo con que los catalanes hablen su idioma, pero que no admite que obliguen a los no catalanes a hablar la lengua catalana.
9. El autor del texto no es español, es irlandés.
10. Jan Gibson tuvo que estudiar el celta durante diez años.
11. No. Él no se interesó nunca por este idioma. Es más, según nos dice, llegó a odiarlo.
12. Con la imposición obligatoria del celta no fomentó en absoluto el interés por este idioma, ya que actualmente el desconocimiento del celta en Irlanda es casi total.
13. El autor piensa que el número de extranjeros interesados en aprender catalán no será muy elevado porque este idioma es apenas hablado por unos doce millones de personas.
14. La televisión podría aminorar el conflicto lingüístico ofreciendo programas para el aprendizaje de las lenguas regionales.

15. El autor dice que el vasco es muchísimo más difícil de aprender que las otras lenguas españolas, pero que hay muchos españoles interesados en conocer algo de este idioma.
16. El autor piensa que el problema del bilingüismo en Cataluña podría solucionarse no obligando, sino invitando a los hispanohablantes a aprender el catalán.

2. Ordena los antónimos:

abierto/a / cerrado/a	diferente/igual	mejora/empeoramiento
abreviar/alargar	difícil/fácil	moderno/a / antiguo/a
abundante / escaso/a	encantar/desagradar	ocultar/manifestar
aburrido/a / divertido/a	encarar/rehuir	odio/amor
acordarse/olvidarse	estar presente/ausente	perfectamente/deficientemente
bonito/a / feo/a	estar seguro / dudar	prolongado/a / breve
crecimiento/disminución	evidente/inseguro	riqueza/pobreza
culto/a / inculto/a	evitar/afrontar	ser capaz / ser incapaz
des-/conocimiento	excluir/incluir	simpático/antipático
descortesía/cortesía	interés/apatía	verdad/embuste

3. Pon las frases en el estilo indirecto:

1. El gran romanista irlandés afirmó que el ser excluido de las conversaciones no le molestaba demasiado y que aquel tipo de comportamiento de algunos catalanes lo motivaba a aprender la lengua catalana.
2. El taxista declaró que a él le parecía muy bien que los catalanes hablasen entre sí catalán, pero no sabía por qué él tenía que saber catalán.
3. El autor dice que él tuvo que aguantar diez años de celta y asegura a los lectores que fue tal el odio que aquel sistema de enseñanza le produjo que nunca llegó a interesarse por el idioma.
4. Una conocida periodista declaró hace unos días que los castellanohablantes que vivían en Cataluña no pedían favores, ni siquiera trabajo; exigían que se les devolviese la libertad y dignidad de ser españoles y de expresarse en español.

4. Transforma las frases según el modelo:

1. La familia Montilla sigue viviendo en Barcelona. El señor Montilla sigue tomando todas las mañanas el desayuno en su casa, sigue almorzando en un restaurante del Paseo de Gracia y se sigue paseando por las tardes por las Ramblas. – 2. El ambiente catalán nos sigue yendo estupendamente. – 3. El ser excluido de las conversaciones sigue irritando enormemente a los castellanohablantes de Cataluña que no quieren aprender catalán y siguen teniendo dificultades en su vida profesional y social. – 4. El desconocimiento del celta era casi total, el Gobierno irlandés seguía imponiendo la enseñanza obligatoria de este idioma y los niños irlandeses seguían odiando el idioma de sus antepasados. – 5. El autor piensa que en España sigue habiendo mucha riqueza cultural que explotar y sigue estando entusiasmado por poder conocer esta cultura. – 6. Los gallegos siguen fomentando el idioma regional y siguen promoviendo su folklore y sus costumbres tradicionales. – 7. La diglosia sigue siendo un problema muy grave y sigue estando muy extendida,

sobre todo en las zonas rurales y en los barrios pobres de las ciudades. – 8. Sus hijos siguen recibiendo instrucción en su lengua materna y cultivan y conservan las costumbres y las tradiciones de sus antepasados. – 9. Nuestros hijos siguen levantándose tarde y seguimos llevándolos y yéndolos a buscar todos los días a la escuela. – 10. La confusión ortográfica seguirá avanzando sin remedio y la práctica de la lengua seguirá disminuyendo notablemente. – 11. Seguimos esperando que la situación se mejore. – 12. El desenvolvimiento de la lengua sigue dependiendo de la situación política.

5. Pon un poco de orden:

1. Los castellanohablantes que viven en Cataluña tienen en la actualidad muchas dificultades porque la Generalitat intenta imponer el catalán en todos los ámbitos de la vida.
2. El catalán es una de las cuatro lenguas románicas de la Península Ibérica y es hablado en Cataluña, Valencia y las Islas Baleares.
3. Algunos catalanes no se dan cuenta de que el catalán es una lengua hablada únicamente por pocos millones de seres humanos y parecen olvidar que los trescientos millones de hispanohablantes constituyen prácticamente el segundo grupo lingüístico del planeta.
4. El proyecto de ley que ha propuesto la Generalitat tiene como objetivo que el uso de la lengua catalana se extienda a todos y cada uno de los habitantes de la Comunidad Autónoma de Cataluña.

6. Redacción:

Las ventajas de las regiones bilingües son, en mi opinión, mayores que sus posibles inconvenientes.

El enfrentamiento con las culturas, que subyacen a cada lengua, enseña a ser consciente de la existencia de otras formas de ver e interpretar el mundo y la vida, a tolerarlas, a aceptarlas y a estimarlas.

El bilingüismo, además de ser un buen entrenamiento para el posterior aprendizaje de lenguas extranjeras, ayuda a profundizar el conocimiento de la propia lengua.

El bilingüismo ayuda también a la superación del egoísmo y enseña a poner en cuestión los puntos de vista personales.

Uno de los inconvenientes del bilingüismo puede ser el que personas poco dotadas intelectualmente no consigan obtener una competencia en ninguna de las dos lenguas en las que se tienen que comunicar.

26.4 Europa exige hablar las lenguas oficiales a los inmigrantes

Preguntas sobre el texto:

1. Los países europeos que han endurecido sus políticas lingüísticas son Francia, Reino Unido, Italia y Alemania. En Francia se habla francés, en el Reino Unido inglés, en Italia italiano y alemán y en Alemania alemán.

2. En España, ofrecen cursos de castellano, pero al contrario de los cuatro países mencionados no obligarán por ley el aprendizaje del idioma.
3. El PP, el Partido Popular, exige que sólo gente que sepa ya algo de español tenga el permiso de entrar al país. Además, el partido conservador quiere que los inmigrantes firmen un contrato de integración que incluya el dominio del español. Así esperan disminuir el número de inmigrantes.
4. Por un lado, puede causar la disminución de la inmigración legal pero a la vez potenciar la inmigración ilegal. Por otro lado, puede favorecer una mejor integración de los inmigrantes en la sociedad española.